大唐贵妃

—— 王双怀 著 ——

陕西师范大学出版总社

图书代号 SK15N0366

图书在版编目（CIP）数据

大唐贵妃/王双怀著. — 西安：陕西师范大学出版总社有限公司，2015.6
 ISBN 978-7-5613-8169-4

Ⅰ.①大… Ⅱ.①王… Ⅲ.①杨贵妃（719~756）—人物研究 Ⅳ.①K828.5

中国版本图书馆CIP数据核字（2015）第113566号

大 唐 贵 妃
Datang Guifei

王双怀 著

出 品 人/	刘东风
选题策划/	刘 定 郭永新
责任编辑/	谢勇蝶 华翔凤
责任校对/	郝宇变 郑若萍
装帧设计/	门乃婷工作室
出版发行/	陕西师范大学出版总社
	西安市长安南路199号（邮政编码710062）
网　　址/	http://www.snupg.com
印　　刷/	西安市建明工贸有限责任公司
开　　本/	720mm×1020mm　1/16
印　　张/	15.5
插　　页/	5
字　　数/	194千
版　　次/	2015年6月第1版
印　　次/	2015年6月第1次印刷
书　　号/	ISBN 978-7-5613-8169-4
定　　价/	34.00元（含光盘）

读者购书、书店添货或发现印刷装订问题，请与本社营销部联系、调换。
电话：（029）85307864 85303629　（传真）（029）85303879

前 言

唐玄宗是唐代最有名的皇帝之一。杨贵妃是倾国倾城、绝世无双的美人。此二人曾经在盛唐的历史舞台上上演过一场空前绝后的"爱情戏"。诗人白居易在《长恨歌》中叙述了他们的爱情故事,把他们描写成非常恩爱的一对。事实上,唐玄宗和杨贵妃的爱情是不够完美的,因为两个人的结局都是令人感叹的悲剧。

在中国古代四大美女中,杨贵妃的知名度是最大的。她之所以知名,首先是因为她是中国古代最美的女性。杨玉环长得什么样,现在说法不一。有人认为她比较胖,大家口口相传,似乎已经成为定论。其实,这种说法并没有什么可靠的根据,只是一种臆测。从大量资料来看,杨贵妃并不胖,她的美主要表现为"鬓发腻理""纤秾中度""资质天挺""举止闲冶"。她有一头乌黑柔顺的靓发,眉目清秀,肌肤如玉,胖瘦适中,丰而不满,艳而不妖,气质高雅。正因为如此,千百年来,她被人们推为四大美女之首。

杨贵妃不仅长得漂亮,而且才艺出众,"善歌舞,通音律",是唐代著名的音乐家和舞蹈家。这也是她超过其他美女的地方。史书记载杨贵妃特别善于歌舞。她喜欢唱歌,精通磬、笛子、琵琶等多种乐器,在舞蹈方面也有很深的造诣。她与唐玄宗有共同的爱好,在天宝年间为大唐的乐舞事业做出了一定的贡献。遗憾的是,她的这些才能被她的美貌所掩盖。人们在谈到她的时候往往把注意力放在了美貌方面,而忽视了她出类拔萃的才艺水平。

杨贵妃与唐玄宗的爱情故事，始终是人们关注的重要话题。她在十七岁时被唐玄宗册封为寿王李瑁的妃子，二十二岁时出家当了女道士，不久又成了唐玄宗的"娘子"，最终被唐玄宗册为贵妃。她比唐玄宗小三十四岁，但年龄并没有成为他们之间的障碍。唐玄宗非常喜爱杨贵妃，将她视为至宝。杨贵妃受到专宠，对唐玄宗也表现出真挚的爱情。他们两人在一起生活了五千七百三十三天，按唐历计算即十五年八个月零四天，留下了许多荡气回肠的爱情故事。

然而，他们没有想到，就在他们歌舞升平、享受爱情的时候，大唐帝国正面临着重大的危机：制度崩坏，矛盾加剧，外戚乱政，养子谋反，一场巨大的灾难即将来临。天宝十四载（755），安史之乱发生。翌年六月，唐玄宗和杨贵妃逃往四川，途中发生了马嵬兵变。结果，杨贵妃被杀，唐玄宗失去了皇帝地位。

对于唐玄宗和杨贵妃的爱情悲剧，千百年来文人墨客感叹不已。有人说杨贵妃是亡国祸水，死有余辜；有人说杨贵妃是替罪羔羊，死得冤枉。人们热衷于谈论杨贵妃，但对她缺乏应有的研究，因而还有许多问题没有弄清。杨贵妃的身世如何？第一美女是怎样练成的？作为第一美女，她是怎样由唐玄宗儿媳变成唐玄宗贵妃的？她与唐玄宗的爱情是真的还是假的？在她短短三十八年的生命历程中还有哪些鲜为人知的秘密？她的命运与大唐王朝的兴衰究竟有什么关系？如果想了解这些问题，请大家阅读《大唐贵妃》。本书是中央电视台《百家讲坛》栏目《大唐贵妃》的配套产品，内容较视频所讲多三分之一，相信您会从中得到有益的启示。《百家讲坛》负责人和陕西师范大学出版总社领导对本书的出版给予了支持，编导迮方乐女士，编辑刘定先生、侯海燕女士也为本书的出版付出了心血，在此一并致谢！

王双怀
2015年5月1日识于觅道斋

目录

第一讲　贵妃档案 /001

一、基本信息 /002

杨贵妃的本名是什么？有曾用名吗？她祖籍何处？出生在什么地方？她是什么时间出生的？父母亲是谁？有兄弟姐妹吗？

二、体貌特征 /009

中国古代四大美女享有"沉鱼落雁之容，闭月羞花之貌"的美誉，而这里的"羞花"就是用来形容杨贵妃的绝代芳姿的。那么，这种说法是从何而来的呢？杨贵妃究竟长得有多美？历史上有没有留下杨贵妃的画像？真实的杨贵妃究竟长什么样？

三、才情商数 /016

天生丽质、羞花之貌、倾国倾城、绝世无双，古今历史上无数文人墨客对杨贵妃美貌的形容到了无以复加甚至词穷的地步。但是人们太过重视她的美貌而忽略了她的其他特质。其实，杨贵妃不仅是个美女，还是个才女。我们接着翻看她的档案，看一看这位绝世美女还有哪些鲜为人知的过人之处。

第二讲　嫁入皇室 /021

一、含章秀出 /022

寿王李瑁是唐玄宗的第十八个儿子，母亲是唐玄宗特别宠爱的武惠妃，因而在玄宗的三十个儿子中特受钟爱。那么，杨玉环何德何能，能够成为寿王瑁的妃子呢？

二、选作王妃 /023

杨玉环的养父杨玄璬只不过是一个从七品下的小官，可是，谁也没有想到，杨玉环竟与皇室结下了不解之缘。她究竟是怎样与李唐皇室建立联系的呢？

三、结婚仪程 /027

杨玉环虽然通过了选美，但是要想成为真正的寿王妃还需要经过一系列的考验。那么，从议婚到完婚都需要哪些重要环节呢？杨玉环与寿王瑁的婚礼是怎么举行的？唐代的婚礼与现代的婚礼有什么不同呢？

四、婚后生活 /032

杨玉环与寿王瑁完婚后，过上了甜蜜幸福的二人世界，然而好景不长，宫中骤变，唐玄宗一怒之下杀死了自己的三个亲生儿子。这件事情与杨玉环和寿王瑁有什么关系？他们是怎么被卷入这场宫廷斗争中去的呢？

第三讲　出家奉道 /039

一、华清相会 /040

杨玉环是唐玄宗为他的儿子寿王瑁选定的媳妇，在与寿王瑁结婚后过着较为平静的生活。然而，开元二十八年（740）十月，唐玄宗却下了一道诏书，让杨玉环到华清宫去面君。作为杨玉环的公公，唐玄宗为什么要召见杨玉环而不召见寿王瑁呢？他的目的究竟是什么？

二、曲线纳妃 /051

华清相会之后，唐玄宗重新找回了心跳的感觉，但是杨玉环毕竟是他的儿媳妇，无论在什么时代，这都是父占子妻的丑闻，遭人诟病。那么，唐玄宗会想出一个什么办法来掩人耳目呢？

第四讲 再嫁之谜 /057

一、玉环再嫁 /058

唐玄宗在得到杨玉环之后，让她当了名义上的女道士，可她实际上时不时就会进入兴庆宫。所以宫中给了她一个称号，叫作"娘子"，也有人把她称为"太真妃"。杨玉环在唐玄宗的心目中处于怎样的地位？这两个人究竟是什么关系呢？

二、册妃之路 /062

唐玄宗虽然十分宠爱杨太真，把她当"娘子"看待。但"太真妃"和"娘子"都不是杨玉环想得到的称号，也不是唐玄宗想给她的称号。那么，杨玉环想得到什么？唐玄宗想给她什么呢？

三、贵妃地位 /066

唐玄宗几经周折终于纳杨玉环为妃，而且是仅次于皇后的贵妃，享受着与皇后同等的待遇。既然唐玄宗这么喜欢杨玉环，为什么不直接让她做皇后呢？

四、杨门承恩 /069

常言道，"一人得宠，合家升迁"。杨玉环晋为贵妃，杨家上自长辈，下至同辈，几乎都蒙受了皇帝的恩泽。白居易《长恨歌》云："遂令天下父母心，不重生男重生女。"那么，杨玉环成为贵妃之后，她的家族得到了哪些好处呢？

第五讲　万千宠爱 /075

一、贵妃专宠 /076

杨太真入宫后，很快成了宫中的宠儿，"后宫佳丽三千人，三千宠爱在一身"，"云鬓花颜金步摇，芙蓉帐暖度春宵"。在这种情况下，其他妃嫔都靠边站了。那么，杨贵妃是怎样受宠的呢？她的专宠达到了怎样的程度？为什么会出现杨贵妃专宠的局面呢？

二、七夕盟誓 /084

在古代帝王中，还没有听说过哪一个帝王和哪一个妃子在一起对天盟誓。但是，唐玄宗和杨贵妃有这样的举动。那么，他们为什么要在七夕节盟誓呢？

第六讲　出宫风波 /089

一、初次出宫 /090

唐玄宗和杨贵妃相处十多年时间，从总体上讲，他们的感情很好。但是，感情再好还是出现了矛盾。天宝五载（746）七月，杨玉环册为贵妃不到一年，就发生了第一次出宫风波。这究竟是为什么呢？

二、再次出宫 /105

天宝五载的出宫风波对唐玄宗和杨贵妃来说，都是一次教训。然而，谁能想到，过了三年多时间，唐玄宗六十五岁，杨贵妃三十一岁，又发生了第二次出宫风波。这次又是怎么回事呢？

第七讲　歌舞升平 /111

一、玄宗好乐 /112

史书记载，唐玄宗"英断多艺，尤知音律"。可见他是一位音乐天赋极高的皇帝。那么，唐玄宗的音乐才能表现在哪些方面？他又是如何"好乐"的呢？

二、贵妃知音 /116

杨贵妃对音乐和舞蹈有特别的感悟，是盛唐时期著名的女音乐家与舞蹈家。那么，杨贵妃的乐舞才能表现在哪些方面呢？

三、轻歌曼舞 /120

杨贵妃与唐玄宗有共同的爱好，他们在天宝年间把大量精力放在了音乐歌舞方面，并为大唐乐舞的发展采取了许多措施，把大唐乐舞推向了一个新的高潮。为此，他们采取了哪些措施？取得了怎样的效果？

第八讲　享受荣华 /129

一、沐浴温泉 /130

"温泉"在这里特指温泉宫，也就是通常所说的华清宫。它是唐代最著名的行宫。"沐浴温泉"就是杨贵妃与唐玄宗到温泉宫去洗澡。这件事看起来似乎极为平常，但实际上不是一般洗澡那么简单。为什么这么讲呢？

二、纵情游乐 /137

杨贵妃和唐玄宗不仅喜欢温泉沐浴，还喜欢到其他地方游宴。受各种条件的制约，杨贵妃没有也不可能出国旅游，她甚至没有机会离开关中。但在天宝年间，她与唐玄宗一样，是热衷于游乐的。杨贵妃有什么爱好？喜欢哪些游乐活动呢？

三、锦衣玉食 /143

除了纵情娱乐之外，唐玄宗和杨贵妃还锦衣玉食。所谓锦衣玉食，就是穿得好、吃得好，追求物质方面的享受。史载杨贵妃爱化妆，爱打扮，爱戴假发，爱喝酒，还爱吃荔枝。那么，她是怎样化妆的呢？她喝的是什么酒？她吃的荔枝是怎样从南方运到长安的呢？

四、纸醉金迷 /149

俗话说得好，"一人得道，鸡犬升天"，杨家上下仗着杨贵妃撑腰，气焰嚣张，横行跋扈，胡作非为。那么，杨贵妃的亲戚们都干了些什么事呢？

第九讲　外戚乱政 /153

一、杨钊发迹 /154

在杨氏外戚成员中，只有杨贵妃的远房堂兄杨钊走上了干政的道路。那么，杨钊是怎样发迹的？为什么杨钊会走上干政的道路，甚至闹出很大的乱子呢？

二、林甫失势 /157

杨国忠仰仗李林甫的帮助和唐玄宗的信任平步青云，成为一颗冉冉升起的财政新星，在当时光彩照人。但是他并不满足，一心想取代李林甫，坐上梦寐以求的相位。那么，为了达此目的，杨国忠是怎么做的呢？

三、国忠乱政 /162

李林甫口蜜腹剑，老谋深算，是深谙为官之道的老辣政客，而杨国忠只不过是政坛上的一个"暴发户"，他身上难脱市井无赖之气。让这样一个人来做宰相，唐王朝能不出乱子吗？

第十讲　养子谋反 /169

一、禄山邀宠 /170

安禄山是个胡人，足智多谋。为了平步青云，步步高升，他采取行贿送礼、献媚表"忠"等一系列手段邀宠，结果逐渐得到唐玄宗和李林甫等人的信任。安禄山是怎样行贿送礼、献媚表"忠"的呢？他为什么能够得到唐玄宗的信任？

二、贵妃"洗儿" /176

安禄山四十五岁时，居然提出要给杨贵妃当养子。奇怪的是，这件事竟然被唐玄宗答应了。在民间甚至还流传着安禄山与杨贵妃的绯闻。那么，真实的历史中安禄山和杨贵妃到底是什么关系？安禄山比杨贵妃大十六岁，他又怎么会去给杨贵妃当儿子呢？

三、"忠臣"造反 /181

安禄山经常标榜他是"忠臣"，但他实际上是野心家，即使唐玄宗对安禄山再好，也不可能笼络住他。那么，安禄山是怎样谋反的呢？

第十一讲　马嵬兵变 /189

一、安史之乱 /190

天宝十四载（755）十一月初九，安史之乱爆发。"禄山一呼，而四海震荡"。因此，安史之乱成为唐代历史的转折点。那么，安史之乱是怎样发生的？经历了哪些过程？

二、玄宗奔蜀 /195

潼关失守以后，唐玄宗连夜逃出了长安城，但文武百官并不知晓。那么等他们发现皇帝不见了的时候，他们会怎么办呢？唐玄宗一行人马连夜逃亡，但是让人始料未及的是在逃亡的路上爆发了马嵬兵变。唐玄宗和杨贵妃将何去何从？

三、香消玉殒 /198

唐玄宗一行离开长安，当他们来到兴平马嵬驿的时候，发生了兵变。其卫队杀死了宰相杨国忠等人，并要求唐玄宗杀掉杨贵妃。在这种情况下，唐玄宗会怎么办？此时此刻的唐玄宗连自己的性命都不能保全，那么他又怎么去保全自己心爱的女人呢？

第十二讲　谜样传奇 /213

一、贵妃"复活" /214

关于杨贵妃的死，文献中有明确记载。然而，民间却流传着杨贵妃并未死亡的说法。有人说杨贵妃在马嵬兵变中并没有死，后来出家当了女道士。还有人说杨贵妃后来漂洋过海到了日本。这些传说是否可信呢？

二、玄宗追忆 /218

杨贵妃死了，但唐玄宗没有死。他和杨贵妃朝夕相伴近十六年，近十六年的夫妻之情，如今阴阳两相隔，杨贵妃永远地离开了唐玄宗。那么杨贵妃死后，唐玄宗将如何度过余生？杨贵妃死后，唐玄宗还会遭遇哪些磨难？为什么他连改葬杨贵妃的能力都没有？唐玄宗最后是怎么死的？

三、历代评价 /223

虽然杨贵妃和唐玄宗都已离世，但是他们的爱情戏并没有落幕。历朝历代的很多文人墨客，都借助诗歌、散文、戏剧、小说来感叹这个荡气回肠的爱情故事。其中观点不一、褒贬不一，争论不休。那么，今天的我们应该如何看待和评价杨贵妃呢？

第一讲　贵妃档案

　　大唐贵妃杨玉环,是中国古代著名的美女。有人说她"天生丽质难自弃",有人说她"红颜祸水多薄命"。杨贵妃不仅拥有羞花之貌,倾国倾城,而且精通音律,多才多艺。但是,这位令人艳羡的绝世佳人却情路艰辛,命运坎坷。从寄人篱下到嫁入皇室,从华清相会到入宫再嫁,从后宫专宠到被贬出宫,从马嵬兵变到自缢而亡,这位充满着传奇色彩的大唐第一美女,这位才华横溢的艺术家,这位马蹄硝烟下的乱世佳人,为后世留下了太多太多的故事。千百年来,人们对她的美貌充满好奇,对她的死亡加以揣测。这个像谜一样的女子,假如生活在当下,一定和我们每个人一样,会有一个档案。那么,就让我们从零零星星的历史点滴中搜寻整理,制作一个贵妃档案,并以这个档案为线索,探寻杨贵妃令人唏嘘感叹的别样人生。

杨贵妃是唐朝历史上的一位美女,是中国古代四大美女之一。所谓四大美女就是西施、王昭君、貂蝉和杨贵妃。这四个美女都长得很漂亮,人们分别用沉鱼、落雁、闭月、羞花来形容她们的美貌。如果把这四大美女加以比较的话,我们就可以发现,杨贵妃不仅长得最漂亮,而且知名度最高,从这个角度来讲,杨贵妃是中国古代第一美女。

作为中国古代第一美女,杨贵妃究竟美在何处?美到什么程度?除了美之外,她还有哪些才能?这些问题都是大家所关心的,但要弄清楚并不容易。为此,我根据《旧唐书》《新唐书》《资治通鉴》《杨太真外传》等有关文献典籍为杨贵妃制作了一个小档案。大家可以通过这个档案,走进杨贵妃的生命历程,去解读她的传奇故事和别样人生。

一、基本信息

关于杨贵妃的姓名,史书中有明确的记载,说她的本名叫杨玉环。玉环本来的意思是指用玉做成的戒指、手镯。玉在古代是一种非常名贵的石材,它的等级很高,有些好的玉比黄金还要贵重。杨玉环的名字里面用"玉环"这两个字,显示出她的父母对她寄予了很大的希望,认为她是很名贵、很美丽的。

杨玉环有一个曾用名，也就是她的小名，叫玉奴。这个"奴"字我们现在听起来似乎不是太好，但是在古代，"奴"是漂亮的意思，如果一个小孩长得漂亮，就说这小孩长得很奴。金城公主的小名就叫奴奴。杨玉环叫玉奴，没有任何贬义，意思是说像美玉一样漂亮。

杨玉环还有一个法号叫太真。因为她曾经当过女道士。"太真"是什么意思呢？道教里面把黄金称为太真。用道士陶弘景的话来说："仙方名金为太真。"可见太真这个法号也具有珍贵、漂亮的含义。

杨贵妃的祖先可以追溯到东汉的杨震。文献记载说杨贵妃是东汉杨震的第十八世孙女。杨震是弘农华阴人，在东汉时官至太尉，以博学多才著称。他教授过的弟子达三千人之多，被尊称为"关西孔子"。他还是中国古代著名的廉吏。他在担任东莱太守时，曾受恩于他的昌邑县令王密为表达感激之情，在夜黑人静的时候给他送了十斤黄金。杨震断然拒绝。王密说，深夜无人知道，就收下吧。杨震说："天知，神知，我知，子知，何谓无知？！"[1]并掷金于地。王密羞愧，悄然而退。从此，杨震"四知拒金"的故事便传为佳话。

据《新唐书》卷七一下《宰相世系表》记载：杨贵妃的第十世祖杨结，曾在慕容氏建立的政权中担任过中山相；九世祖杨珍在北魏政权中曾任上谷太守之职；八世祖杨真，官至河内、清河二郡太守；七世祖杨懿官至洛州刺史，并被封为弘农简公。也就是说，杨贵妃的第十世祖至第七世祖都是北朝时期的地方大员。

杨贵妃的第六世祖杨顺官至冀州刺史，封三门县伯，迁居蒲州永乐，即今山西永济。五世祖杨琛，官仪同三司，封平乡县公。高祖杨汪，为隋大理卿、国子祭酒，官至梁郡通守。隋朝末年，杨汪依附于东都的王世充集团。唐初，秦王李世民平定王世充，杨汪"以凶党诛死"。杨汪被杀后，其子孙受到一定影响，就不那么显贵了。《旧唐书·杨贵妃传》说"高祖令本,金州刺史"。"高祖"当为"曾祖"之误,因为杨令本是杨汪的儿子。玉环祖父叫杨志谦,有兄弟三人。其兄杨友谅,就是杨国忠的祖父,曾经担任过昊陵令。其弟杨志诠,与志谦本人一样,似乎没有担任过什么官职。由此看来,杨贵妃的第六世祖至高祖,仍在朝廷中拥有比较高的官职,但到她祖父时,家道有衰落的趋势。

杨贵妃的父亲是杨玄琰。"玄琰,〔杨〕汪之曾孙也。"[2]玄琰当了蜀州司户参军,为从七品下的刺史衙吏,掌管"户籍、计账、道路、逆旅、婚田"等事务。他还有两个亲弟弟,大弟杨玄珪,后来官至工部尚书,小弟杨玄璬,官为河南府士曹参军事,也是从七品下的衙吏。尽管都不是什么大官,但毕竟都有官在身,算是官宦了。显然,到了杨贵妃父亲这一辈,家道又开始复兴了。

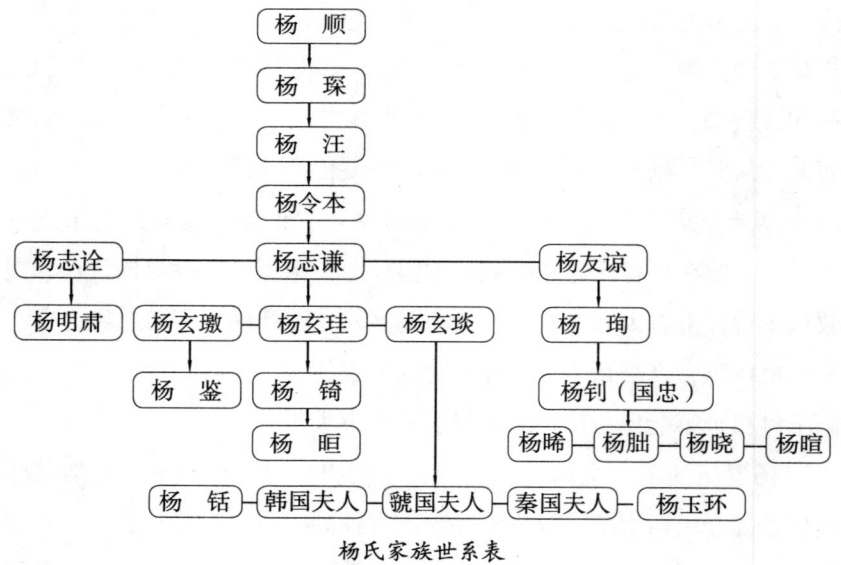

杨氏家族世系表

通过对杨贵妃祖辈情况的简单分析,我们至少可以得出以下两点结论。

第一,杨贵妃出自世家大族,可视为名门之后。后来唐玄宗在《册寿王杨妃文》中说:"公辅之门,清白流庆,诞钟粹美,含章秀出。"[3]这种说法比较符合实际,并不是故意吹嘘她的门第。

第二,杨贵妃的祖居地在历史上曾经发生过变化。起初在弘农华阴,后来迁到了蒲州永乐。《隋书·杨汪传》说他"本弘农华阴人也"。唐人陈鸿的《长恨歌传》说杨贵妃是"弘农"人,宋人乐史的《杨太真外传》也说她是"弘农华阴人也"。这些说法都是从传统地望的角度,强调杨贵妃是杨氏名门之后。但从杨贵妃的第六世祖开始,就已经迁居河东,到杨贵妃这一代,已经二百多年时间了。按照以嫡系三代的居住状况确定祖籍的习惯,杨贵妃的籍贯应为蒲州永乐,也就是今山西永济。

大家知道,人的出生地与祖居地未必相同。杨贵妃是出生在她的祖籍所在地还是别的什么地方?对此,文献中有不同记载,社会上也有不同说法,概括起来主要有以下五种。

第一种,弘农华阴(今陕西华阴)说。其理由是陕西华阴在古代称作弘农华阴。陈鸿的《长恨歌传》和乐史的《杨太真外传》都说杨贵妃是弘农华阴人。但陈鸿和乐史并没有明说杨贵妃生于华阴,说她是弘农华阴人,目的是在强调她的郡望。前面讲到,杨贵妃的第六世祖杨顺就已离开华阴。到杨贵妃时,离开华阴已经二百多年了,她怎么可能生于华阴呢?

第二种,蒲州永乐(今山西永济)说。乾隆十九年(1754)修成的《蒲州府志》卷三和光绪十二年(1866)《永济县志》卷三均有"杨妃村"的记载。光绪十二年《永济县志》说杨妃村"在雷首山下独头坡。唐贵妃杨氏本宏农人,其父元琰家于蒲州之独头村,贵妃

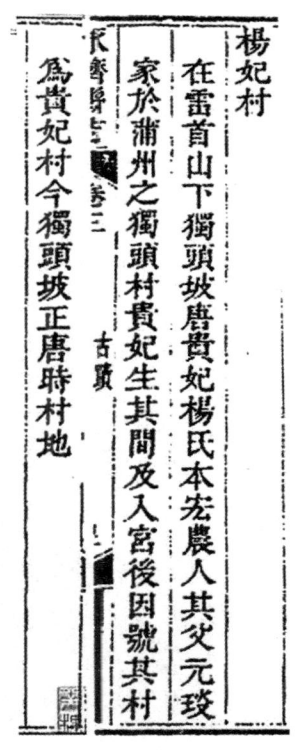

《永济县志》关于杨妃村的记载

生其间。及入宫后因号其村为贵妃村。今独头坡正唐时村地"。《永济县志》卷二二还载有《杨贵妃故里》诗,诗云:"宏(弘)农著藉史分明,妃子原从此地生。为感全家承帝宠,却凭一死定军情。马嵬虽有埋香惨,龙驭能安入蜀行。海上仙山谁过问,故乡门阀尚留名。"直到现在,山西永济的独头村还有一处"贵妃园"。这种说法似乎很有道理,但史书记载杨贵妃的父亲杨玄琰在年轻的时候就离开永济,到外地去做官了,说她生于山西永济理由不够充分。

第三种,虢州阌乡(今河南灵宝)说。此说认为杨贵妃的父亲是杨元琰。《新唐书·杨元琰传》载:元琰字温,虢州阌乡人,东汉太尉杨震的十八代孙。细读该传,杨元琰参与过"五王政变",唐睿宗即位,官刑部尚书,封魏国公,"徙太子宾客,诏设位东宫,太子为拜。"开元六年(718)卒,年七十九。史书明确记载杨贵妃的父亲名叫杨玄琰,官至蜀州司户,而这个人叫"杨元琰",官至太子宾客,比蜀州司户大多了。而且在开元六年就去世了,那时杨贵妃还没有出生,怎么可能是杨贵妃的父亲呢。"元"与"玄"虽然只有一字之差,但分明是两个人。杨元琰既然不是杨贵妃的父亲,杨贵妃当然也就不可能生于河南灵宝了。

第四种,岭南容州(今广西容县)说。理由是《全唐文》卷四〇三中有一篇许子真写的《容州普宁县杨妃碑记》。碑记中说:

贵妃园

"杨妃,容州杨冲人也,离城一十里。小名玉娘,父维,母叶氏。维尝谓先人云,葬其祖去此十里许,逢一术士,忘其姓名,云:'此坟若高数尺,必出贵子,惜太低,生女亦贵。'妃母怀娠十二月始生,初诞时,满室馨香,胎衣如莲花,三日目不开。夜梦神以手拭其眼,次日目开,眸如点漆,抱出日下,目不瞬,肌白如玉,相貌绝伦。后军都置杨康见之,以财帛啖其父求为女,妃家素婆,不获已与之。康有二子读书,妃三岁,日夜同坐,听其诵读。渐长,通语、孟,康夫妇惜如珠玉。杨长史炎摄行帅事,闻之左右,令与母偕来,一见大奇,私谓厥妻曰:'此女姿质异常,貌有贵相,吾二女远未逮也。'遂给以金帛与康求为女。康不从,乃胁取之,举家号泣送去。居无几何,长史秩满,携归长安,与二女同教,惟妃性昭慧,谙音律,明经史。后进入寿宫,开元二十四年,明皇诏入内,号太真,大被宠遇,天宝间册为贵妃云。"此碑文的文体与盛唐时期的文体不相符合,内容上到处都是漏洞,如"容州普宁县"的地名和"后军都置"军衔在唐代都是不存在的。经专家考证,《客州普宁县杨妃碑记》系清康熙以后、嘉庆修《全唐文》之前伪造。[4] 如此说来,杨贵妃生于广西容县的说法也有问题。

第五种,剑南蜀州(今四川导江)说。相传杨贵妃曾作过一首《遥忆故乡》,诗云:"巴山蜀水美如画,青城山麓吾故乡。导江城里降人世,银杏树下洗玉肌。"《唐国史补》卷上记载:"杨贵妃生于蜀,好食荔枝。"这是可信的,为乐史《杨太真外传》所采用。所有的史料都记载杨贵妃死时三十八岁,由此推算,她诞生于开元七年(719)。那时,其父官为蜀州司户,杨贵妃就是作为这个小官的最小女儿降临人间的。杨贵妃小的时候,在导江县城中的一个水池边玩耍,不慎落入池中。后人把这个水池称作"落妃池"或"浴妃池"。雍正《四川通志》卷二五载:"娘子岭,在〔汶川〕县南一百里,……杨贵妃幼时常过此，故名。"这些说法也可作为杨贵妃生于四川导江的佐证。

通过这些分析，我们可以肯定：杨贵妃祖籍是山西永济，出生地则是四川导江。

至于杨贵妃的出生时间，文献中亦有明确的记载，说她生在唐玄宗开元七年六月一日，即公元719年的6月22日。开元七年是农历的己未年，所以，从十二生肖来讲，她是属羊的。她的出生日期是己未年辛未月戊午日。因为她的出生日期是公历的6月22日，从西方星座学的观点来讲，她的星座是巨蟹座。这就是她的基本情况。

杨贵妃的父亲叫作杨玄琰，官做得不大，是蜀州司户。蜀州在现在四川成都的西边，司户是一个管理户籍、田地、道路交通等的从七品下的小官。杨贵妃的母亲姓李，出生于陇西的名门大族。在杨贵妃发达之后，杨玄琰被追封为兵部尚书、齐国公，成了一品官，李氏也被追封为凉国夫人。这是她的父母的情况。

在杨贵妃呱呱坠地的时候，她的家里面已经有了四个孩子：一个哥哥和三个姐姐。她的哥哥叫杨铦（xiān），后来官至殿中少监，在杨贵妃发达之后，他的官位升高了，成了鸿胪卿，鸿胪卿就相当于外交部部长。她还有三个姐姐，这三个姐姐叫什么名字，文献中没有记载，所以我们不知道。我们只知道她的大姐嫁给了一个姓崔的人，所以称为崔氏。她的二姐嫁给了一个姓裴的人，所以称为裴氏。而她的三姐嫁给了一个姓柳的人，史书上称之为柳氏。在杨贵妃发达以后，她们都被唐玄宗封为国夫人，大姐封为韩国夫人，二姐封为虢国夫人，三姐封为秦国夫人。这就是她的家庭的基本情况。

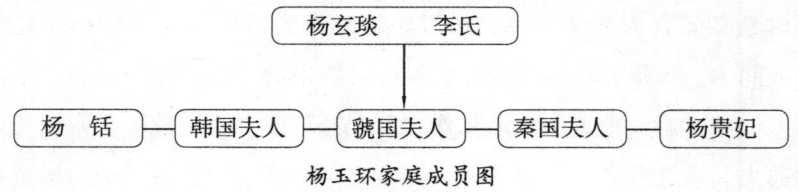

杨玉环家庭成员图

上述情况表明，杨贵妃是名门之后，尽管她的父亲这一代家道基本上已经衰落，但是从门阀的角度来讲，她还是出身于高门的。正因为如此，后来唐玄宗在《册寿王杨妃文》中说她是"公辅之门，清白流庆"。

二、体貌特征

当然，杨贵妃后来非常有名，并不是因为她出身于这样的家庭。而是有其他的原因。什么原因呢？

首先，她长得美。关于这个问题，文献中没有系统的记载。杨贵妃生活的那个时代没有照相机，所以不可能留下真实的图像资料。唐玄宗虽然让人给她画过像，但遗憾的是并没有保留下来。但是，我们根据古人的一些画像，根据文献中的一些零星记载，基本上可以弄清她的体貌特征。

我们现在所能看到的最早的杨贵妃画像，是唐人周昉所画的《贵妃出浴图》。周昉是唐代长安画派的一个代表人物，因为他出身于贵族，交游的都是上流社会的一些达官贵人，他所看到的人都是些丰衣足食的贵人、贵妇，所以他画的人往往比较胖，《贵妃出浴图》中的人物画得就比较丰满。

其次，我们所能看到的杨贵妃画像，就是宋人所画的《杨贵妃上马图》，还有明代著名画家唐伯虎所画的杨贵妃。明清时期，还有其他一些画家也画过杨贵妃。但是，他们都没见过杨贵妃，都是根据史料、根据自己的想象来画的。这些画像或收藏在博物馆，或收录在明刻《历代百美图》等画册中。如果把这些图像拿出来比较一下，就会发现各版本差别很大，了无相似之处。

20世纪以来，学术界对杨贵妃表现出较大的热情，影视界则掀起了杨贵妃热。冯宝宝、周洁、王璐瑶、范冰冰等都曾饰演过杨贵妃，她们都是当代的美女，但她们的形象彼此之间也存在着较大的差异。

传为唐周昉《贵妃出浴图》

传为明唐伯虎绘杨贵妃图之拓本（局部）

明人绘杨贵妃图

清王翙《百美新咏》中的杨贵妃像

那么，在传世的绘画作品中，哪幅画像与杨贵妃的实际情况比较接近呢？在饰演过杨贵妃的演员中，谁长得更像杨贵妃呢？我们还是看看历史文献对杨贵妃是怎样描述的吧。

关于杨贵妃的长相，文献中没有专门的记载，但有不少零星的描述。如果我们把这些资料加以整合，就可以大致勾画出杨贵妃头像的轮廓：柳叶眉，丹凤眼，樱桃口，贴脑耳，鬓发腻理，花肤雪艳。她的眉毛细长，眼睛传神，鼻子端正，唇红齿白，耳朵略有耳垂，且五官布局合理，可以说是恰到好处。她的面容如花似玉，肌肤洁白而娇嫩。她还有一头乌黑亮丽的头发，鬓发腻理。[5]漂亮的头发和如花似玉的面庞相得益彰，看上去非常美。

所以，在当时有很多人把她比作花，有人把她比作倾国倾城的牡丹花，有人把她比作出淤泥而不染的荷花，还有人把她比作高贵的海棠花。唐玄宗怎么看她呢？唐玄宗说她朱颜"类玉"[6]，比这些花还美，是能说会道的"解语花"，国色天香[7]。所以后人就用"羞花"来比喻杨贵妃的美貌，说再美的花见到杨贵妃都会觉得自惭形秽，都会低下头去，她比花还美。

很多人描述过杨贵妃的美貌。诗人李白说她"名花倾国"[8]，并用"云想衣裳花想容"等诗句对她加以赞美；诗人郑嵎说她"花肤雪艳"；文学家陈鸿说她"殊艳尤态"；牛僧孺说她"仪容甚丽"；而史学家刘昫则说她"姿色冠代"[9]。这么多人把这么多赞美女性长相的好词都用在了杨贵妃这里，说明她的长相的确极为出众。这些词语可以说已经到了无以复加的地步。杨贵妃的面容真就好到了这样的程度吗？她长得最好的地方又是哪里呢？

据说她的眸子娇媚，眼睛特别漂亮，特别传神。中唐时期的大诗人白居易在《长恨歌》中写道："回眸一笑百媚生，六宫粉黛无颜色。"也就是说，如果她回眸莞尔一笑，就会百般娇媚，从而使后宫的妖姬美女们黯然失色。与白居易大体同时的诗人刘禹锡在他的诗歌中也曾用"低回转美目,风日为无晖"的诗句来赞美她的眼睛。在诗人看来,杨贵妃美目传神,顾盼生辉,相比之下,连太阳也会失去光辉。这些说法不免有些夸张,但说明了杨贵妃的眉毛和眼睛确实极为妩媚,可以释放出令人无法抗拒的魅力。这些描写显然是有所夸张,但是由此可以想见杨贵妃的眼睛的确是太漂亮,太有魅力了,用我们现在的话说,就是有"秒杀"的功能。

杨贵妃不仅长相好,而且身材也非常好。说到这里,也许有人会说,杨贵妃的脸蛋可能长得不错,但听说她是个大胖子。有一个成语叫作"环肥燕瘦",很多人就以此推断杨贵妃是个"胖美人",甚至有些演员为了更好地扮演杨贵妃而去增肥。很多人认为唐人是以胖为美的,有些长得比较丰满的女士说:我要是生在唐朝该多好呀!要是放在唐朝,好歹也算个美女。那么,唐朝真的以胖为美吗?杨贵妃真的是个"胖美人"吗?大唐第一美女杨贵妃,她的身高、体重究竟是多少?

成语中确实有"环肥燕瘦"的说法,但它能说明杨贵妃是胖子吗?我们知道这个"环"指的是杨玉环,"燕"指的是赵飞燕。赵飞燕为汉成帝之妃,是中国历史上是一个非常精致的美人,她长得非常瘦小,但是她的舞蹈跳得很好。据说几个人托着一个盘子,她可以在盘子上跳舞。由于她很瘦,过来一阵风就可以把她吹走,汉成帝害怕风把她吹走了,因此就给她修了一个七宝避风台,刮风的时候就让她藏在这个台子里面。这说明她真的太瘦了。胖和瘦是相对而言的,和赵飞燕这么瘦的人相比,杨贵妃肯定是胖一些的。和赵飞燕相比,估计百分之九十九的人都是胖子,所以"环肥燕瘦"这个成语只能说明杨贵妃比赵飞燕要胖一些,并不能说明杨贵妃就是个大胖子。

唐朝社会经济发达,应当说社会上胖子是有的。但是,在唐人心目中，美人是胖子吗？或者说只有胖子才能算美人吗？从相关资料来看，不是这样，因为我有确凿的证据。

首先，我们知道唐朝的皇帝、太子和诸王经常要纳妃，要纳妃，当然就有一个标准，《唐大诏令集》中有很多这方面的记载。另外，《次柳氏旧闻》载：玄宗"诏力士下京兆尹，亟选人间女子细长洁白者五人，将以赐太子……得三人，乃以赐太子"。如果唐代是以胖为美的，这种情况如何解释？显然，唐人为这些皇室成员选妃，是要选那些洁白、修长、道德修养很高的良家女子。洁白，就是皮肤看上去要白皙。修长，当然就是要高挑，不要矮子，也不要胖子。如果说唐人是以胖为美的，那皇帝选妃为什么不选胖子呢？我们打开《旧唐书》的《后妃传》，再打开《新唐书》的《后妃传》，把唐朝这些后妃一个一个地加以排查，看一看有胖子吗？没有。这就充分说明，在当时的统治者眼中，起码不是以胖为美的。

那么，唐代民间是不是以胖为美呢？我们也可以看到，唐人写了很多描写美女的诗文，比如说打开《全唐诗》或者《全唐文》，就有一些诗文是专门描写美女的。如《全唐诗》卷九八就收录了王琚写的《美女篇》。《美女篇》是这样写的："东邻美女实名倡，绝代容华无比方。浓纤得中非短长，红素天生谁饰妆。"在王琚的笔下，这个容华绝代的美女是什么样子的呢？是"浓纤得中非短长"。"浓纤得中"，浓指的是胖，纤指的是瘦，得中，就是适中，不胖也不瘦；"非短长"，就是她不高也不矮，增加一寸就显得高了，减少一寸就显得矮了。总的来说，他心目中的美女胖瘦适中，高矮适中，而且天生丽质，不用打扮就看起来很有气质、很漂亮。

同样，《全唐文》中也有类似记载。如《全唐文》中收录了张楚金的一篇文章，在这篇文章中，他写道："掖庭美女，和欢丽人，身轻体弱，绝代殊伦。"张楚金笔下呈现的是宫廷中的美女，她们是

精生而手足瓜甲俱紅此皆偽說不足信也

楊貴妃體胖之談

昔人諭環肥燕瘦如春蘭秋菊亦各一時之芳太真外傳明皇覽漢成帝內傳飛燕身輕恐其四肢不禁戲妃日爾則任吹少盞以妃微有肌也妃對日霓裳羽衣一曲可掩前古編念妃所自譽辭氣至夏苦熱亦復有自嫌在開天遺事亦載妃素有肉體至夏苦熱刻一玉魚兒含之藉其涼津沃肺又梅妃傳楊妃呼之日梅精梅亦呼楊為肥婢似環肥之說非屬無稽恩按太真外傳等書所稱皆出委巷相傳本非信史即如所雲妃但視身輕之飛燕為肥體瘦之梅妃為肥耳豈真肥胖哉太真外傳謂妃微有肌微字極妙蓋妃之美正在豐肌膩理故明皇以為海棠春睡李白稱為禮豔一枝不然龎然一蠢婦安能使六宮粉黛無顏色耶

关于杨贵妃体胖之误的记载

身轻体弱的。身轻说明什么？如果胖，还能说身轻吗？当然不能。

由此看来，在唐代民间老百姓心目中，美女也不是胖子。唐人崇尚的美女是胖瘦适中、身轻体弱的人。

除此之外，我们还可以找到一些相关的图像资料。比如，我们如果去乾陵看一看永泰公主墓、章怀太子墓和懿德太子墓里的壁画或者线刻画，或者到昭陵去看一看昭陵陪葬墓中的那些壁画或者线刻画，就可以清晰地看出，当时的美女没有胖子，当然，也没有过瘦的人。所以，唐朝人心目中美的标准、美女的形象实际上就是胖瘦适中，身材要稍微高一些，而且要长得白一些。不仅相貌要好，而且还要长得柔顺，道德修养要高，还要有文化知识。

显然，有关唐代以胖为美的说法纯属无稽之谈。既然唐人并非以胖为美，怎么能由此得出杨贵妃是胖子的结论呢？

事实上，杨贵妃并不是胖子。从大量史料来看，杨贵妃胖瘦适中，丰而不满，艳而不妖。为什么这样讲呢？《类说》卷一："上览汉武内传，时妃后至，……乃飞燕身轻，为造水精盘，令宫人掌上歌舞，又作七宝避风台。上曰:'尔则任风吹多少。'盖妃子微有肌故也。"《长恨歌传》载杨贵妃"纤秾中度,举止闲冶,如汉武帝李夫人。别疏汤泉,诏赐澡莹。既出水,体弱力微,若不任罗绮,光彩焕发,转动照人"[10]。白居易《江南遇天宝乐叟》:"贵妃宛转侍君侧,体弱不胜珠翠繁。冬雪飘飘锦袍暖,春风荡漾霓裳翻。"《周秦行记》说杨贵妃"纤腰修眸"。由此可见,杨贵妃身材修美,比例协调。

乾陵陪葬墓线刻画中的美女形象

从相关资料来看,杨贵妃的脖子比较长,民间说杨贵妃是白鹇精变的。她身材高挑,胸部丰而不满,腰部比较细,臀部微微突起,腿很修长,脚是比较小的。她总体上来说长得比较端庄,唐玄宗特别欣赏这一点,说没见过这么端庄的人。她是按照唐朝的选美标准层层选拔出来的,所以她的个子不可能低。尽管文献中没有明确记载,但根据相关的资料推测,杨贵妃的身高有 1.65 米左右。

史书记载,杨贵妃"微有肌"。"微有肌"是什么意思?就是有一点肌肉,但并不胖。据此推测,她的体重大概在 60 公斤左右。所以杨贵妃身高 1.65 米,体重在 60 公斤左右,不高不矮,不胖不瘦。正因为如此,她才能算得上是一个大美女。杨贵妃的长相和身材结合起来，漂亮指数应当是五颗星。

三、才情商数

杨贵妃不仅长得漂亮，而且多才多艺，气质高雅，善解人意，聪明绝顶。她是唐代宫廷通过严格的程序选拔出来的才貌双全的美女。

唐代的选美标准是什么？是容貌美丽、品性柔顺、出身良家、德才兼备。《唐大诏令集》卷二五《妃嫔·册杨恭道女为婕妤文》："幽闲表质，柔顺为心。"《唐大诏令集》卷三一《皇太子·纳妃·纳苏亶女为皇太子妃诏》："柔顺表质，幽闲成性；训彰图史，誉流邦国。"《唐大诏令集》卷四〇《诸王·册妃·册济王崔妃文》："素有柔和之性……永懋幽闲之德。"杨贵妃完全符合这些标准。

关于杨贵妃的气质和才艺，文献中记载颇多。如陈鸿《长恨歌传》说杨贵妃"举止闲冶，如汉武帝李夫人"。《旧唐书·后妃传》载其"善歌舞，通音律，智算过人。每倩盼承迎，动移上意。"《新唐书·后妃传》："太真得幸。善歌舞，邃晓音律，且智算警颖，迎意辄悟。"《全唐诗》卷五亦载其"善歌舞，邃晓音律，智算警颖"。她对歌舞尤有研究，是唐代著名的音乐家和舞蹈家，气质高雅，落落大方。这是她超过其他美女的地方。

杨贵妃特别善于歌舞。她跳《霓裳羽衣舞》，如风回旋，如云漫卷，婀娜多姿，使舞与曲达到完美无缺的艺术佳境。白居易曾在《霓裳羽衣歌和微之》诗中写道："我昔元和侍宪皇，曾陪内宴宴昭阳。千歌百舞不可数，就中最爱霓裳舞。……飘然转旋回雪轻，嫣然纵送游龙惊。小垂手后柳无力，斜曳裾时云欲生。烟蛾敛略不胜态，风袖低昂如有情。"可见，整个舞蹈飘忽轻柔，绰约多姿，并与乐曲完美结合，成为唐代乐舞中的精品。

盛唐时期的舞蹈大体可以划分为健舞和软舞两大系列。健舞的代表性舞蹈有《胡旋舞》《胡腾舞》《柘枝舞》和《剑器舞》。杨贵妃特别善于跳胡旋舞。胡旋舞出自中亚康国，是唐代最著名的健舞，以旋转作为基调，节奏明快，动作急促多变，令人目不暇接。软舞的代表性舞蹈有《春莺啭》《踏摇娘》《回波乐》等。杨贵妃对软舞也很在行。唐人张祜诗云："兴庆池南柳未开，太真先把一枝梅。内人已唱春莺啭，花下傞傞软舞来。"

杨贵妃还精通多种乐器。她的琵琶技艺和笛技都十分出众。宦官白秀贞出使蜀郡返回朝廷时献上一只逻逤檀木琵琶，"温润如玉，光辉可见，用金缕红文，做成双凤"，是乐器中的精品。杨贵妃常抱着这只琵琶在梨园中弹奏，音响清越，飘然如在云端，许多公主王妃都争着做她的弟子。杨贵妃还是个击磬高手，她演奏时"拊搏之音玲玲然，多新声，虽太常梨园之能人莫能加也"[11]。玄宗特意令人以蓝田绿玉精琢为磬，并饰以金钿珠翠，作为杨贵妃的专用乐器。

在中国古代的四大美女中，找不出另一位杨贵妃这样的艺术家，她的才艺的确是出类拔萃的。

显然，杨贵妃是有知识，有文化，并且是能够运用知识和文化去解决问题的人，她的观察力、记忆力、分析力是一般人所不能比拟的。一般人的智商大概就是两颗星到三颗星，而杨贵妃的智商起码可以达到四颗星。为什么不能说她达到五颗星呢？原因是她缺乏政治方面的才能，而且她对科学技术也懂得很少。

杨贵妃智商高，情商更厉害。情商就是情绪商数，英文缩写字母就是EQ。它指的是人的感情、情绪方面的一些特质，包括人的自我认识、自我调控、自我激励，以及认识他人和处理与人之间关系的能力。在这方面，杨贵妃是非常突出的。

史书记载，杨贵妃对自己有清晰的了解，她知道自己长得很美，也知道自己的长处在什么地方。我们常说，人贵有自知之明，可是人要真正了解自己并不是一件容易的事。杨贵妃了解自己，所以她要把自己的特长发挥出来，展示出来。

她长得好，但她觉得这还不够，还经常用化妆的办法来改变自己的形象。她知道自己的特长在音乐、舞蹈方面，所以她经常和唐玄宗去唱歌、跳舞，去发展大唐的音乐舞蹈事业。

她还特别善于了解他人，因为唐玄宗想什么、需要什么，不用说，她一看就已经非常了解了。唐玄宗没有说，她就已经想到，甚至已经做到了。为什么能够如此？因为她能够了解他人，尤其是对唐玄宗非常了解。能了解别人心里所想，知道别人要做什么，这样的人才是聪明的人。杨贵妃就是如此。

杨贵妃很善于处理人际关系，所以她结识了许多朋友。除了因为杨国忠和太子李亨结怨之外，其他关系处理得都很好。一个人智商高固然可贵，情商高更可贵，杨贵妃就是一个智商高、情商也高，且情商超过智商的人。

当然，杨贵妃之所以在历史上有名，不仅仅是因为她长得漂亮，也不仅仅是因为她智商高、情商高，举止闲冶，资质天挺，而且还因为她一生的经历带有传奇色彩。杨贵妃仅仅活了三十八岁，唐玄宗天宝十五载（756）六月十四日在马嵬兵变中被杀。也就是说，她的一生只经历了三十八个春秋，很短暂。但是，她的一生是不平凡的。

十岁之前，她随父母生活在四川成都。

十岁到十七岁，父母双亡，她就跟着叔父杨玄璬到了洛阳，生活在洛阳。

十七岁，凭借美貌和才华，她被选为唐玄宗最宠爱的寿王瑁的妃子。她给寿王瑁当了将近五年的妃子，然后被唐玄宗选中，首先将她度为女道士，然后将她纳入宫中，立为贵妃。

杨贵妃给唐玄宗当了十一年的贵妃，如果加上当女道士期间的情人关系，她在唐玄宗身边生活了十五年多的时间。

这十五年多,他们在盛唐时期的历史舞台上,演绎了一出又一出的爱情戏,在她的生命中留下了很多美好的记忆。然而,他们的爱情最后却是以悲剧结束的。

讲到这里,我们基本上可以制作出一份比较完整的贵妃档案。具体情况如下:

姓名	杨玉环	曾用名	玉奴	道号	太真	
籍贯	山西永济			出生地点	四川导江	
出生时间	开元七年六月一日(719年6月22日)					
属相	羊			星座	巨蟹	
去世时间	天宝十五载六月十四日(756年7月15日)			寿数	38	
身高	1.65米			体重	60公斤	
体貌特征	肌肤如玉,胖瘦适中,身轻体健,资质天挺,国色天香					
漂亮指数	★★★★★			聪慧指数	★★★★☆	
智商	★★★☆			情商	★★★★★	
性格	性格外向,善解人意,富有魅力					
特长	唱歌,跳舞,演奏乐器					
家庭成员	父亲:杨玄琰。蜀州司户;赠兵部尚书、齐国公					
	母亲:李氏。封凉国夫人					
	哥哥:杨铦。殿中少监;鸿胪卿					
	大姐:韩国夫人					
	二姐:虢国夫人					
	三姐:秦国夫人					
个人经历	1—10岁随父母在四川生活					
	10—17岁随叔父在洛阳生活					
	17—22岁给寿王瑁当妃子					
	22—27岁以女道士身份给唐玄宗当情人					
	27—38岁给唐玄宗当贵妃					

作为美女之冠,杨贵妃的命运如何?她三十八年的生命历程中有哪些传奇?首先,她是怎样被选为寿王瑁的妃子的呢?

注释

[1]《后汉书》卷五四《杨震列传》。

[2]《资治通鉴》卷二一四,玄宗开元二十三年十二月条。

[3]《全唐文》卷三八。

[4] 参见黄永年:《〈全唐文·杨妃碑记〉伪证》,载《人文杂志》1982 年第 4 期。

[5] 唐人陈鸿在《长恨歌传》中说杨贵妃"鬓发腻理"。《旧唐书》卷五一《后妃传上》载杨贵妃曾"引刀翦发一缭附献。玄宗见之惊惋,即使力士召还。"

[6] 唐玄宗《王文郁画贵妃像赞》云:"忆昔宫中,尔颜类玉。"

[7]《说郛》卷四六载:"李正封诗曰:'国色朝酣酒,天香夜染衣。'上闻之嗟赏移。时杨贵妃恃恩宠,上笑谓贵妃曰:'汝妆镜台前宜饮以一紫金盏酒,则正封之诗可见矣。'"

[8] 李白《清平调》诗云:"名花倾国两相欢,长得君王带笑看。"

[9]《旧唐书》卷五一《玄宗杨贵妃传》。

[10]《文苑英华》卷七九四。

[11]《太平广记》卷二〇四。

第二讲　嫁入皇室

　　杨玉环在成为唐玄宗的贵妃之前，先是唐玄宗的儿子寿王瑁的王妃。那么，是什么样的机缘让杨玉环嫁给了寿王瑁？寿王瑁是一个怎样的人？他为什么会成为唐玄宗最喜爱的皇子？杨玉环与寿王瑁的婚礼是怎么举行的？唐代有哪些有趣的婚俗？杨玉环与寿王瑁郎才女貌，天生一对，从一个七品芝麻官的女儿变成了高贵的寿王妃。然而，好景不长，他们甜蜜的婚姻生活才刚刚起步就被卷入了一场残酷的宫廷斗争当中。那么，这场宫廷斗争是由谁挑起的？杨玉环和寿王瑁在其中又扮演了怎样的角色？

杨玉环是中国古代第一美女。作为美女之冠,她自然会受到世人的关注。她长大成人后遇到的第一件大事是什么?是谈婚论嫁。因为按照唐代的法律,女孩子到了十五岁就该出嫁了。像杨玉环这样的大美女还愁嫁不出去吗?当时到她家来提亲的人肯定不少。但直到十七岁,她还没有出嫁。为什么呢?因为她的标准太高,没有合适的对象。

一、含章秀出

杨玉环生于四川导江,她的童年是在巴山蜀水中度过的。四川盆地地处西南,具有得天独厚的自然条件,在唐代前期已经有了"天府之国"的美誉。导江县在今成都市西北,距都江堰不远,地理环境十分优越。西边是连绵起伏的岷山山脉,东边是辽阔富庶的成都平原。这种优美的自然环境培育了她那轻快活泼的性格。据说她刚学会走路时,就独自跑到池塘边玩耍,结果一不小心,"误坠池中,后人呼为落妃池"[1]。她的父亲是知识分子,母亲也是有知识有文化的大家闺秀,因此非常重视对她的教育。而她自幼聪明好学,养成了许多良好的习惯和美好的品质。

然而,天有不测风云,杨玉环十岁左右时,死神夺走了她的双亲。[2]《旧唐书》卷五一《后妃传上》："妃早孤，养于叔父河南府士曹玄璬。"《新唐书》卷七六《后妃传上》："玄宗贵妃杨氏，……幼孤，养叔父家。"所谓"孤"，意思是说，她的父亲杨玄琰逝世了，母亲也死了。父母双亡，这对杨玉环的打击是可想而知的。由于父母亡故，杨玉环的家庭生活陷入困境。她的哥哥和姐姐都不太大，养不了她，她被叔父杨玄璬领到河南洛阳抚养。当时杨玄璬还没有儿女，便把小玉环当作长女看待。而杨玉环也很懂事，少年老成，深受叔父一家喜爱。

中原地区的自然环境与四川盆地不同。杨玉环从剑南蜀州来到河南洛阳，生活环境发生了很大变化。洛阳是唐王朝的东都，人烟稠密，繁荣豪华，这里的山川形势和风土民情激发了杨玉环的好奇心。养父杨玄璬身为河南府士曹，与社会各层有广泛的联系，比杨玄琰在蜀州的情况要好些。杨玉环在洛阳的所见所闻也远非昔比，她的知识面越来越宽，歌舞才艺大有长进，还学会了交际应酬，"含章秀出"，如花似玉，为后来的发展奠定了良好的基础。

由此看来，杨玉环的少年时代是不幸的，也是幸福的。说她不幸是她幼年父母双亡，寄人篱下；说她幸福是她出身名门，几经辗转，见多识广，不仅掌握了一定的文史知识，而且培养了杰出的歌舞才艺。也许在她成为一名亭亭玉立的少女的时候，她曾憧憬过她的将来，但她那时不会想到，她的命运会与李唐皇室紧紧联系在一起。

二、选作王妃

杨玉环与李唐皇室的联系，是与唐玄宗第五次巡幸洛阳分不开的。唐玄宗在位期间，励精图治，促成了历史上著名的开元盛世。开元二十二年（734），唐王朝已经相当繁盛了，唐玄宗非常高兴，就离开首都长安，带着他的爱妃武惠妃，还有他的皇子、大臣们浩浩荡荡来到洛阳。他这次来洛阳，目的不仅仅是东巡，也是给他的儿子和女儿举办婚事。

唐玄宗是个风流皇帝，他的妃嫔很多，生了三十个儿子，三十个女儿，一共六十个儿女。在这六十个儿女当中，他最喜欢、最宠爱的是武惠妃所生的寿王瑁。

玄宗诸子一览表

排行	封号及姓名	生母	排行	封号及姓名	生母
1	奉天皇帝李琮	刘华妃	16	永王李璘	郭顺仪
2	废太子李瑛	赵丽妃	17	早夭	不详
3	肃宗李亨	元献皇后	18	寿王李瑁	贞顺皇后
4	棣王李琰	钱妃	19	早夭	不详
5	鄂王李瑶	皇甫德仪	20	延王李玢	柳婕妤
6	靖恭太子李琬	刘华妃	21	盛王李琦	贞顺皇后
7	早夭	不详	22	济王李环	钟美人
8	光王李琚	刘才人	23	信王李瑝	卢美人
9	夏悼王李一	贞顺皇后	24	义王李玼	阎才人
10	早夭	不详	25	陈王李珪	王美人
11	早夭	不详	26	丰王李珙	陈美人
12	仪王李璲	刘华妃	27	恒王李瑱	郑才人
13	颍王李璬	高婕妤	28	早夭	不详
14	早夭	不详	29	凉王李璿	武贤仪
15	怀哀王李敏	贞顺皇后	30	汴哀王李璥	武贤仪

为什么他特别宠爱寿王瑁呢？因为唐玄宗特别喜欢武惠妃。武惠妃何许人也？她为什么会得到唐玄宗如此的宠幸呢？这个武惠妃可不是一般的人，她是女皇武则天的侄孙女。《旧唐书·后妃传》载："玄宗贞顺皇后武氏，则天从父兄子恒安王攸止女也。攸止卒后，后尚幼，随例入宫。上即位，渐承恩宠。及王庶人废后，特赐号为惠妃，宫中礼秩，一同皇后。"武惠妃非常聪明，也很能干，唐玄宗对她宠爱有加，所以她的儿子也被唐玄宗高看一眼，但其所生的夏悼王李一与怀哀王李敏都不幸早夭。

寿王瑁是武惠妃的第三子，原名清。武惠妃这个人很能生育，但奇怪的是她最初生的孩子都不能成活。史载"惠妃开元初产夏悼王及怀哀王、上仙公主，并襁褓不育，上特垂伤悼。及生寿王瑁，不敢养于宫中，命宁王宪于外养之"[3]。武惠妃在宫中的地位等同于皇后，她生的前两个儿子均早夭而亡。为了避免此类意外再次发生，三子清出生不久就由玄宗的大哥宁王抚养。

玄宗诸女一览表

排行	封号	生母	丈夫	排行	封号	生母	丈夫
1	永穆		王繇	16	寿春		吴澄江
2	常芬		张去奢	17	普康		
3	孝昌			18	昌乐	高才人	窦锷
4	唐昌		薛锈	19	永宁		裴齐丘
5	灵昌			20	平昌		温西华 杨徽
6	常山		薛谭 窦泽	21	兴信		张垍颖 裴敦 杨
7	万安			22	咸宜	贞顺皇后	杨洄 崔嵩
8	上仙	贞顺皇后		23	宜春		
9	怀思			24	广宁	董芳仪	程昌胤 苏克贞
10	高都		崔惠童	25	万春	杜美人	杨朏 杨锜
11	新昌		萧衡	26	太华	贞顺皇后	杨锜
12	临晋	皇甫淑妃	郭潜曜	27	寿光		郭液
13	建平		豆卢建 杨说	28	乐城		薛履谦
14	真阳		源清 苏震	29	新平	常才人	裴玲 姜庆初
15	信成		独孤明	30	寿安	曹野那姬	苏发

注：孝昌、灵昌、上仙、怀思、普康、宜春六公主早薨，未曾出嫁。万安公主入道，亦未成家，寿春公主先嫁吴澄江，后出家奉道。

宁王妃元氏非常喜爱寿王瑁，因为寿王瑁长得很端丽，很漂亮，所以将他视为己出。所以寿王瑁小的时候实际上是生活在宁王府。他在七岁之前一直长在宫外，因此受封的时间比较晚。当时宫中把他称为十八郎。为什么叫十八郎呢？因为他是唐玄宗的第十八个儿子。

据说寿王瑁长大以后非常懂事，七岁那年他回到宫中，唐玄宗准备封他为王。当时由于他年龄太小，唐玄宗说，封王的典礼他就别来了，因为太小了，不懂事。可是寿王瑁坚持要去。他去了以后，完全是按照唐朝的礼仪来行礼的，唐玄宗看了以后非常高兴，对他就非常喜爱。《新唐书·玄宗诸子传》载："初，帝以永王等尚幼，诏不入谒。瑁七岁，请与诸兄众谢，拜舞有仪矩，帝异之。"《册府元龟》卷二七四所载略同。所以史书记载说，玄宗宠爱寿王，"诸子莫得为比"[4]。

开元二十三年（735），寿王瑁十七岁，到了应该求偶的年纪。故玄宗便将为寿王选妃之事提上了议事日程。当时，唐玄宗非常高兴，因为这一年风调雨顺，国泰民安，他就开始张罗为他的儿子选妃。

唐代的皇室主要是与韦氏、杨氏、武氏等大家族互为婚配。唐朝皇帝选妃要么是从武氏家族中选，要么是从杨氏家族中选，要么就是从韦氏家族中选。因此，当唐玄宗要在洛阳为他最宠爱的儿子寿王选妃的时候，他就会把目标锁定在这些大家族。

在杨氏家族中，杨玉环是出类拔萃的。杨玉环的养父杨玄璬因为在洛阳当士曹参军，所以曾经参与过接待唐朝皇亲国戚的事，像唐玄宗到洛阳来，带了那么多的人，好多的接待工作都是由杨玄璬来完成的，他当然知道唐玄宗要为寿王选妃这个消息。而当时他的女儿杨玉环长得如花似玉，美若天仙，多才多艺，这也是很多人都知道的。

所以，当唐玄宗要为寿王选妃的时候，也许是杨玄璬的一些朋友把杨玉环推荐给了选婚使，也许是杨玄璬托人把杨玉环推荐上去了。总而言之，杨玉环参加了这次选美。经过严格的挑选，她成功了，最终被选为寿王妃子。从此，她从社会中层跻身上流社会，成为大唐帝国皇室中的一员。

杨玉环为什么能够脱颖而出成为寿王瑁的妃子呢？史书记载说杨玉环与寿王瑁同庚。开元十五年（727），寿王瑁遥领益州大都督、剑南节度大使。当时杨玉环在蜀州，算是寿王的子民。只是那时候他们还没见过面。开元二十三年，唐玄宗在为寿王选妃时，命运之神终于光顾了杨玉环。虽说杨玉环被选为寿王妃有很大的偶然性，但偶然性的背后也蕴含着必然的因素。

首先，皇家选妃，讲究门第。唐初以来，李唐皇室与几个大的家族保持联姻关系，杨氏家族就是其中之一。唐太宗曾娶隋炀帝的女儿为杨妃，齐王元吉娶隋宗室杨恭仁的从侄女为妃。唐高宗册立武则天为皇后，而武氏家族又与弘农杨氏有姻亲关系。中宗的女儿长宁公主也嫁给了杨慎交。因此，唐玄宗与武惠妃在选择女婿和儿媳时，也就自然地把目光投向了弘农杨氏。杨玉环的远祖与武则天的外家皆出自弘农杨氏，有一定的血缘关系。虽说杨玉环的父辈仕途不显，没做过大官，但就门第而言，仍属世族大家，符合皇室婚姻对门第的要求。

其次，当玄宗为寿王选妃时，杨玉环正是妙龄少女，"含章秀出"，未字待嫁。其养父杨玄璬作为河南府衙吏，掌管津梁、舟车、舍宅、百工众艺之事，参与了接待皇亲国戚和达官显贵的事宜。这就在客观上为二者的结合创造了条件。杨玉环参加了这次选美活动，并在众多的美女中脱颖而出。唐玄宗与武惠妃通过多方面了解，最后确定把杨玉环选为寿王瑁的妃子。

三、结婚仪程

唐代是讲究礼制的社会，亲王纳妃仍按"六礼"进行，有一套复杂的仪程，要经过"纳采""问名""纳吉""纳征""请期""册妃"等多道程序。

当时的婚事仪程是怎么进行的呢？什么是纳采，什么是问名呢？说到这些词，现在一些朋友可能觉得很陌生。所谓纳采，就是当唐玄宗选中了杨玉环之后,派媒人带着礼品到杨家去,向杨家提亲。对皇帝的提亲,杨家受宠若惊,自然答应了。

接下来第二个程序叫问名。其实婚使早都知道杨玉环的名字了,但是按照程序还是要专门到杨家来,写一个婚书,问杨家这个孩子的名字和生辰八字。

为什么要问姓名,要问生辰八字?因为古人很迷信,男方要将女方的情况进行占卜,这个程序就是纳吉。如果占卜的结果有问题,这个婚姻便不能成立。当然了,杨玉环占卜的结果很好,没有什么问题。

接下来就是按照纳吉的礼节,婚使带着皇室的彩礼单子到杨家来,这个单子列了很多的彩礼。按照唐朝的制度,结婚必须送彩礼。这个彩礼单子上除了一些金银珠宝、高档物品之外,还有几样非常重要的东西,比如像莲子、丝绵,还有枣子等一些吉祥物品。按照礼节,杨家拿到这个礼单之后,不能照单全收,这么多的东西全收过来那是不行的,一定要退回去一些,就在礼单上选,哪些我要,哪些我不要,然后把单子退回去,这样礼单就确定了。

礼单确定之后,第四步叫作纳征,就是皇室派婚使把礼单上确定了的礼品源源不断地送到杨家。然后,双方签订婚书,这个婚姻就算达成了。

经过纳采、问名、纳吉、纳征这四步之后,接下来就是请期,也就是由男家择定结婚佳期,由媒妁携带请期礼书前往女家并商定迎娶的日期。但是,这只是民间百姓的婚俗,皇家则有所不同,还需要举行隆重的册妃仪式。开元二十二年秋冬之际,唐玄宗为寿王和杨玉环完成了这些仪程,并于开元二十三年十二月二十四日举行了热闹的册妃大礼。

对于册立寿王妃之事,唐玄宗非常重视,他特地派当时的宰相李林甫和另一个非常重要的大臣陈希烈,让他们两个人做正副婚使,然后带着礼品到杨家去册封杨玉环。

《唐大诏令集》中收录了当时册妃时的诏令，全文如下："维开元二十三年，岁次乙亥，十二月壬子朔，二十四日乙亥，皇帝若曰：於戏！树屏崇化，必正壸闱，配德协规，允兹懿哲。尔河南府士曹参军杨玄璬长女，公辅之门，清白流庆，诞钟粹美，含章秀出。固能徽范凤成，柔明自远，修明内湛，淑问外昭。是以选极名家，俪兹藩国，式光典册，俾叶龟谋。今遣使户部尚书同中书门下李林甫，副使黄门侍郎陈希烈，持节册尔为寿王妃。尔其弘宣妇道，无忘姆训。率由孝敬，永固家邦。可不慎欤？"

这则史料包含着丰富的信息：其一，杨玉环是以"杨玄璬长女"的身份出嫁的，说明杨玄璬在领养了杨玉环之后又生了女儿；其二，杨玄璬的官职是"河南府士曹参军"，品阶仅七品下，但属于"公辅之门"、名家之后；其三，杨玉环美貌出众，品德贤淑。此次册封由户部尚书李林甫和黄门侍郎陈希烈担任正副使，可见唐玄宗和武惠妃对此事相当重视。

按照《大唐开元礼》，册妃大礼是在杨家进行的。开元二十三年十二月二十四日，李林甫和陈希烈带领仪仗队来到杨家，杨氏父女和其家族出门迎接。使者、持节者、典谒者、赞礼者、持册案者以及主人、诸宗人各就各位。女相者从"别室"把新娘杨玉环引到使者面前。使者称"有制"，女相者曰"再拜"，女赞者承传，玉环再拜。使者读册书，女相者曰"再拜"，女赞者承传，玉环再拜。接着，"女相者引妃少前"，接受了皇帝的册书。继册妃之后，又进行了"亲迎""同牢""妃朝见""婚会""妇人礼会""飨丈夫送者""飨妇人送者"等七项礼仪。完成了纳妃的全部礼仪。从此，杨玉环就正式成为寿王瑁的王妃。

此时此刻，杨玉环的心情如何呢？当然是高兴的。对当时一般社会中层的女子来说,能够得到皇帝的赏识,并且被选为皇子的妃子,谈何容易。杨玉环的家族在她爷爷那一辈有中衰的迹象,在她父亲那一辈虽然说开始复兴,但是只做到了七品的小官。所以说,能够攀上皇亲国戚,能够攀上皇帝、宗室,尤其是能够攀上皇帝最宠爱的寿王,她当然是很高兴的。何况这个寿王瑁长得一表人才。据说寿王瑁擅长书法,字写得非常漂亮,文质彬彬,是一个谦谦君子。所以寿王瑁和杨玉环两个人在一起,在别人看来就是郎才女貌,天作之合,是非常合适的。

册妃仪式结束之后,接下来就要举行婚礼,他们的婚礼规模是非常大的。

唐代的婚礼必须亲迎。寿王瑁亲自到杨府去,把杨玉环迎入宫中,然后举行婚礼。按照唐代的礼制,新郎到女家去迎娶新娘的时候,往往会受到刁难。新娘坐在家里不出来,新郎在外面一遍一遍地催,她若还不出来,新郎就要作催妆诗,说你快点化妆吧,时间不早了,我们要结婚了。寿王瑁当时作没作催妆诗,文献中没有记载,我们不得而知。按照唐代的礼俗,当婚使领着迎亲队伍带着新娘子离开她的娘家后,在通往男家的路上还专门有人要障车,就是在路上设置好多的障碍,然后跟他要红包。当时要没要红包呢?文献中也没有记载。按照唐代的这个习俗,应该是有这样的活动。

杨玉环出嫁的时候是骑马还是坐轿呢?这个问题很有意思,文献中没有记载,按照唐代的礼俗,她应当是骑着马的。坐轿子是宋代以后的习俗。当时按照习俗,杨玉环的头上还要戴上红红的盖头。戴盖头这个习俗其实南北朝时期就有了。为什么戴盖头呢?有两种说法:一种是说因为南北朝时期实行劫夺婚,结婚时新娘被人家抢走就实在是太不合适了,所以有人索性给新娘头上盖一块红布,别人看了不知道是干啥的,长得是否漂亮,所以就不来抢了。当然这只是一种推测。还有一种说法，说戴盖头是为了辟邪。

当杨玉环从杨家来到宫中之时，宫中已经设好了"青庐"，用我们现在的话说，就是设了婚堂。婚堂叫"百子帐"，里面布置得非常豪华。在进门之前，有人拿着火炬，绕着杨玉环的马转了几圈。杨玉环下马之后脚不能挨地，要踩在殷红的地毯上行走。过去，一般的穷人家没有地毯，就拿席子，三块席，一块一块地换，这叫作转席。但在皇室，无比气派，根本不需要转席，她就踩着红地毯进去了，然后举行婚礼。

当然，婚礼拜堂仪式和我们现在差不多，只是在唐代的时候结婚很可能是在下午进行，所以举行婚礼的时候，差不多快到晚上了。在百子帐举行完拜堂仪式之后，新郎新娘入洞房时候要挤门而入，意思就是不要说谁先谁后，两人是平等的，要同时而进。进去以后坐在床上，这时亲戚朋友们就把糖果、枣子、花生这些东西全撒过去。这时有人口里念念有词，说现在是一个好的时间，希望新郎新娘在结合之后，要多生儿子多生女儿，生的儿子一定要能干，要能成为公王，生的女儿也都能够嫁给卿相。这就相当于我们现在的闹洞房了。婚礼的具体情况文献中没有记载，我们只能根据唐代的普遍情况加以推测。

结婚大典结束之后，接下来就是宴席，要宴请送亲的男性宾客、女性宾客，当时男性宾客和女性宾客是分开来的。婚礼就这么热热闹闹举行完了。

杨玉环就这样由一个民间女子成了寿王妃。结婚之后，她和寿王瑁生活在洛阳，他们的蜜月是在洛阳度过的。这段时间对他们来说是一段甜蜜的、美好的时光。

寿王李瑁是仪表堂堂的王子，杨玉环则是倾国倾城的大美女。用我们现在的话来说，李瑁无疑是一个"高富帅"，杨玉环虽然仅出身社会中层，在富这方面没法和李瑁比，但"白富美"她也占了两条。在大家看来，他们是天设地造的一对，所以在他们的婚礼上，来宾都向他们表达了祝福之意，希望他们百年好合，白头偕老。

四、婚后生活

开元二十四年（736）十月，唐玄宗从洛阳回到长安。在洛阳完婚不到一年的杨玉环也随寿王回到长安。

当年，杨玉环和她的养父杨玄璬从四川成都一路风尘仆仆去洛阳的时候，曾经经过长安，那时候她没有资格，也不可能进入皇宫，她只能站在长安城中，远远地望一望长安的太极宫、大明宫和兴庆宫，她很向往这个地方。但是她没有想到有一天会来到这个地方。

对杨玉环来说，长安是陌生的，更是令人神往的。因为它是大唐帝国的首都，是闻名中外的国际化大都市。杨玉环与寿王瑁的住所位于著名的十王宅中。十王宅在长安朱雀街东第五街安国寺东边，始建于开元十三年（725）。[5]起初，只有十王在此居住，所以称"十王宅"，不久又有六位皇子入住，故又称作"十六王宅"。十王宅里终日歌舞宴乐，杨玉环擅长歌舞的才能终于得到了发挥，并在原有基础上不断精进。对于这种美好的生活，她感到由衷的高兴。

然而，她不曾想到，回到长安后不久，长安城的宫阙中却涌起了一股暗流，杨玉环和寿王瑁很快被卷入了一场斗争。而且这场斗争在当时很激烈。开元二十四年，长安城究竟发生了什么事呢？

杨玉环被卷入的政治斗争是从武惠妃为寿王瑁营求太子地位开始的。武惠妃当年未被立为皇后，她对此一直耿耿于怀，所以一心想把她的儿子寿王瑁立为皇太子。然而，早在开元二年（714）十二月，玄宗的第二个儿子李瑛（当时叫嗣谦）因母亲赵丽妃受宠而被立为皇太子。怎么办呢？办法只有一个，那就是换易太子。

当时，武惠妃得宠，赵丽妃与皇太子失宠。赵丽妃死后，皇太子的地位更加不稳。在这种情况下，朝臣开始分化，逐渐形成两大派别。一派以李林甫为代表，积极支持武惠妃的夺嫡活动。《旧唐书·李林甫传》载：开元时"武惠妃爱倾后宫，二子寿王、盛王以母爱特见宠异，太子瑛益疏薄。林甫多与中贵人善，乃因中官干惠妃云：'愿保护寿王。'惠妃德之"。另一派以张九龄为代表，主张维护皇太子的地位，反对换易太子，引起武惠妃的不满。

开元二十四年十一月，太子瑛与五子鄂王瑶、八子光王琚"会于内第，各以母失职，有怨望语"[6]，其实就是发发牢骚。这种事现在看来很自然，没什么了不起，可是在唐代却是非常严重的罪行。武惠妃派女婿杨洄前去探查，杨洄"规利于己，日求其短，潜于惠妃"[7]。于是惠妃向唐玄宗哭诉，说太子结党，玄宗是最恨结党之事的，还说他们要谋害"妾母子"，并且有"指斥"玄宗的情况。

玄宗大怒，立刻与宰相商议要废黜太子与鄂王、光王。中书令张九龄指出："陛下纂嗣鸿业。将三十年，太子已下，常不离深宫，日受圣训。今天下之人，皆庆陛下享国日久，子孙蕃育，不闻有过，陛下奈何以一日之间废弃三子？伏惟陛下思之。且太子国本，难于动摇。……今太子既长无过，二王又贤，臣待罪左右，敢不详悉。"[8]玄宗无言以对。武惠妃又派官奴牛贵儿收买张九龄说："有废必有兴，公为之援，宰相可长处。"[9]张九龄怒斥牛贵儿，并把这件事告诉了唐玄宗。玄宗被张九龄的正直所感动，暂时平息了废太子的风波。

但武惠妃没有善罢甘休，她诬陷张九龄，导致张九龄被贬。此后李林甫成为中书令，为废黜太子创造了重要条件。《新唐书·玄宗诸子传》记载："俄而九龄罢，李林甫专国，数称寿王美以揠妃意，妃果德之。"开元二十五年（737）四月，武惠妃又指使女婿杨洄诬陷太子，说瑛、瑶、琚三兄弟以及太子妃之兄薛锈正在策划"异谋"，玄宗召集宰相商议，宫斗风波再起。李林甫掌握大权，对玄宗说："此陛下家事，非臣等所宜豫。"[10] 其实这就是变相地支持玄宗废太子。于是四月乙丑，玄宗派宦官宣制于宫中，废瑛、瑶、琚为庶人，然后又将他们赐死，薛锈先被流放，不久就也赐死。

杀太子瑛、鄂王瑶和光王琚，固然出于武惠妃与李林甫的诬陷，但最终做出决定的还是唐玄宗，唐玄宗没有查清楚事实而轻信谗言，制造了骇人听闻的大冤案。故欧阳修在《新唐书》中评论道："明皇一日杀三庶人，昏蔽甚矣。"玄宗曾说："自即位已来,未尝杀一不辜。"然而他偏听谗言，"一日杀三庶人"，不是在滥杀无辜吗？

唐玄宗一共三十个儿子，有十个儿子在当时已经不在世，就剩下二十个儿子了，这一次又杀掉了三个，所以只剩下十七个儿子了。人们常说"虎毒不食子"，唐玄宗怎么就如此暴怒，一怒之下，一日杀三子？这个事情是一般人根本想不到的，人家都说唐玄宗是一个英明的人，是一个很有见地的人，是一个仁慈的人，可是在这个时候，他的残暴就表露无遗了。

太子被杀了，寿王瑁能不能成为新太子？武惠妃接下来又会怎么做？唐玄宗真的会立寿王瑁为太子吗？唐玄宗杀了自己的三个儿子，过了几天他仔细一想，他怎么会做出这样的决定呢？他自己反思这件事情，有点后悔。就在这个时候，李林甫又来到唐玄宗身边，说现在太子之位空缺，寿王已经长大成人了，他完全可以胜任太子之职。那意思就是说，你现在该立寿王为太子了吧？武惠妃嘴里不说，可心里很明白，太子被杀了，接下来的太子就是寿王了。一旦寿王当了太子，将来再当了皇帝的话，那她的地位自然也就提升了。唐玄宗听了李林甫的话以后默不作声，没有表示赞同。

这个时候有一个叫裴耀的人，就是武周时期著名宰相裴行俭的孙子。这个裴耀有一次见到唐玄宗了，他说听说现在有人建议立寿王为太子，民间其实非议之声很大。太子无罪被废，而且死得很惨，您现在要立寿王为太子，这恐怕不合适。从历史角度来看，有很多这样的事实，有好多这样的先例，结果证明都是失败的。所以您绝对不能立寿王为太子，如果立他为太子后果将不堪设想。唐玄宗听了之后，觉得也有点道理，所以当李林甫再次向他提出要立寿王为太子的时候，唐玄宗就说话了，这件事我不考虑。

唐玄宗这个时候心情很不好，他自己年龄大了，而当时皇太子被杀，另外两个儿子也同日被赐死，这件事对他刺激很大，他经常闷闷不乐，而且饮食为之大减，形容憔悴。高力士就问他："陛下，您怎么吃这么一点饭啊？是饭做得不好吃吗？"玄宗说："汝，我家老奴，岂不能揣我意！"高力士是玄宗最宠信的宦官，虽然说他只是一个宦官，但是在当时地位很高。他办事干练，也很会揣摩玄宗的心思，他知道这时唐玄宗在为太子未定而忧闷，所以说："大家何必如此虚劳圣心，但推长而立，谁敢复争！"玄宗连声道："汝言是也！汝言是也！"[11]于是在开元二十六年（738）六月庚子这天，正式宣布三子李玙为皇太子，次年九月改名为绍，后来天宝三载（744）又改名为亨，即后来的唐肃宗。这样，寿王瑁就彻底失去了当皇太子的机会。武惠妃为寿王当太子费尽了心机，不惜闹出三条人命，甚至连自己的性命也搭了进去，但到头来却是竹篮打水一场空。

武惠妃在此之前已经死了。武惠妃为寿王营求太子之位不遗余力，她原以为太子瑛一旦被废，寿王瑁就会当上太子，不料舆论反而使她处于不利的境地，甚至连唐玄宗也没有立即册立寿王为皇太子的意思，这使她寝食不安。《旧唐书》记载："武惠妃数见三庶人为祟，怖而成疾，巫者祈请弥月，不瘥而陨。"武惠妃死时年仅三十九岁，唐玄宗伤心欲绝，追赠她为"贞顺皇后"。武惠妃死了，她没有能够看到她的儿子被立为皇太子，当时唐玄宗也没有宣布立别人为皇太子。武惠妃死后，寿王瑁也失去了靠山。在大臣的建议下，尤其在高

武惠妃墓

武惠妃墓出土石椁

力士的建议下,唐玄宗最终决定立李玙为太子。诏书下了之后,寿王瑁当皇太子的梦就彻底破灭了。

从整个事件的经过我们可以看出,当时这场围绕着换易太子的宫廷斗争主要是武惠妃挑起的。但是,和这个事件密切相关的两个人物,也就是寿王瑁和杨玉环,他们对这件事情究竟是什么态度呢?他们在这场斗争中是如何表现的呢?寿王李瑁作为唐玄宗的十八子,原是没有资格当太子的。但武惠妃、李林甫及唐玄宗似乎都达成了一致意见,想把寿王推向太子的位置。在这种情况下,寿王是怎么想的,又是怎么做的呢?

李瑁从小腼腆有礼,文质彬彬,谦让宽容,长大后对政治斗争相当冷漠,故史书中没有留下李瑁参与斗争的记载。作为寿王的妃子,杨玉环也同样对政治缺乏兴趣。她从洛阳刚到长安,迎面袭来的是废立太子的惊涛骇浪,她自然明白如果寿王当上太子,她就是太子妃,以后寿王即位她就是皇后。但她和寿王瑁一样,对政治斗争都是漠不关心的,我们从史书中看不到她参与了什么活动。这说明什么呢?说明寿王瑁就是谦谦君子,是知礼礼让型的人,他根本就对当皇太子没有多少兴趣,他不会去争。而杨玉环也没有像武惠妃那样,要为寿王瑁去争取，他们对于三庶人，也就是太子瑛、鄂王瑶和光王琚的死，没有多少责任。

那么，武惠妃也死了。她的死对寿王瑁和杨玉环的生活会不会产生什么影响呢？当然会。武惠妃的死对寿王瑁和杨玉环来说都是一个沉重的打击。为什么说是沉重的打击呢？因为寿王瑁过去受到唐玄宗那么多的宠爱，原因是什么？是因为他很有才吗？不是，主要是因为武惠妃，是因为唐玄宗喜爱武惠妃。武惠妃死后，寿王瑁失去了保护伞，他的前途变得暗淡起来。按照当时寿王瑁和杨玉环的处境，杨玉环从此以后也只能是做个王妃，寿王瑁的寿王妃就是她的最高荣誉，她不可能有更大的发展。

当初太子瑛被赐死，李林甫就数劝玄宗立寿王瑁，但是武惠妃一死，寿王瑁没有了后台，李林甫的态度就发生了变化，从"尽力保护寿王"变为静观玄宗的态度。而对于玄宗来说，"三庶人"死后天下喊冤，玄宗就有些犹豫了，这时贸然立寿王为太子，会引起全天下的不满。另外，寿王的性格温良礼让，与唐玄宗的性格不同，也不是唐玄宗心中理想的太子人选。所以唐玄宗自武惠妃死后"自念春秋浸高，三子同日诛死，继嗣未定，常忽忽不乐，寝膳为之减"。看到这种情况，一些反对立寿王的官员开始向唐玄宗进谏，从而使玄宗完全打消了立寿王瑁为太子的想法。

《旧唐书》载：开元二十九年（741），"让帝（李宪）薨，瑁请制服，以报乳养之恩，玄宗从之"。李玙被立为太子之后，寿王瑁和杨玉环逐渐归于沉寂，与其他亲王一样过起了平静的生活。那么，杨玉环与寿王瑁在一起生活，有没有子女呢？《旧唐书·寿王瑁传》载："天宝中有子封为王者两人，怀为济阳郡王，偡为广阳郡王、鸿胪卿同正员。"《新唐书·寿王瑁传》载："子王者三人，僾王德阳郡，怀济阳郡，偡广阳郡，伉薛国公，杰国子祭酒。"寿王共有五个儿子，从有关资料分析，这些儿子均与杨玉环无关。在正常情况下，他们至少该生两三个孩子，但事实并非如此。看来，杨贵妃的生育能力有一定问题。

作为寿王妃，杨玉环在寿王身边平安地度过了五年时光。按理说，她的命运就此注定，她将以王妃身份终其一生。因为无论从哪个方面来看，她都没有继续晋升的可能。然而，谁能想到，开元二十八年（740），当她二十二岁的时候，她的命运又发生了翻天覆地的变化。那么，开元二十八年秋冬之际究竟发生了什么事，最终改变了她的命运？

注释

[1]《杨太真外传》卷上。

[2] 杨国忠三十岁时跑到蜀郡，杨玄琰恰好逝世不久，据此推算，杨玉环那时在十岁左右。杨国忠到达蜀郡时，杨玉环已去河南，故彼此并不相识。

[3]《旧唐书》卷五一《玄宗贞顺皇后武氏传》。

[4]《资治通鉴》卷二一四，玄宗开元二十二年四月条。

[5]《旧唐书》记载："乃于安国寺东附苑城同为大宅，分院居，为十王宅。令中官押之，于夹城中起居，每日家令进膳。"

[6]《资治通鉴》卷二一四，玄宗开元二十四年十一月条。

[7]《旧唐书》卷一〇七《玄宗诸子传》。

[8]《旧唐书》卷一〇七《玄宗诸子传》。

[9]《资治通鉴》卷二一四，玄宗开元二十四年十一月条。

[10]《资治通鉴》卷二一四，玄宗开元二十五年四月条。

[11]《资治通鉴》卷二一四，玄宗开元二十六年五月条。

第三讲　出家奉道

　　虽然杨玉环与寿王瑁郎才女貌，天生一对，但是他们的婚后生活却没有想象的那么琴瑟和谐。那么，杨玉环和寿王瑁的婚姻出现了什么问题？开元二十八年（740）十月，唐玄宗为什么要召杨玉环到华清宫面君？华清相会之后，唐玄宗对杨玉环动了心，一心要把杨玉环据为己有。无论在什么时代，父占子妻都是天下丑闻，遭人诟病。唐玄宗怎么做才能顺理成章地娶到杨玉环？对于唐玄宗的无理要求，杨玉环是怎么想的？又是怎么做的呢？她为什么要出家奉道呢？难道她是厌倦了王妃的生活，真的要去当女道士吗？

杨玉环本来是寿王瑁的妃子,然而在开元二十八年十月以后,她却离开寿王府邸,出家当了女道士。杨玉环为什么要出家入道?难道是她厌倦了王府生活,或者是她接受了道教的教义要出家修炼吗?从有关文献来看,情况并非如此。杨玉环出家与开元二十八年冬天的华清之会密切相关。那么,华清之会是怎么回事?为什么她在华清之会以后要出家奉道呢?

一、华清相会

华清宫当时称作"温泉宫",是唐代三大行宫之一。唐代的三大行宫是指华清宫、九成宫和玉华宫。在这三大行宫中,华清宫离长安最近,影响也最大,并以温泉优良而著称。

开元二十八年十月十一日,唐玄宗从兴庆宫前往华清宫消闲。这是唐玄宗即位后第二十六次去华清宫了。华清宫位于今西安临潼区的骊山脚下。骊山为秦岭支脉,有东西两座秀岭,宛如一匹骊马。夕阳西下,晚霞照在秀岭上显得格外美丽,故"骊山晚照"被列为"关中八景"之一。这里风景优美,又有温泉,故自秦汉以来就受到皇家的重视。秦始皇曾在这里修建汤池,汉武帝对汤泉进行过修葺,隋文帝在山下栽种了数千棵松柏,使山下的风景更加宜人。唐初在这里修建了温泉宫,到开元年间,便成了唐玄宗最喜爱的游乐之地。

唐玄宗之所以频繁地前往华清宫,并不仅仅是为了沐浴,还是为了顺应"天道",调整与皇室和大臣的关系。因为按照古代的礼制,一年四季,春耕夏耘,秋收冬藏,秋季是一个收获的季节,也是一个休闲的季节,皇帝在这个时候理应放松,进行休整。唐玄宗到华清宫来,实际上就带有休整的意思,他要在华清宫这个地方,通过沐浴、娱乐来放松身心。同时,他要和他的大臣们、家人们拉近关系。

华清池

对于唐玄宗游幸华清宫之事,当时无人指责,相反,还有人表示赞赏。韩休就曾说:"幸华清兮顺天道,琼楼架虚兮灵仙保。长生殿前兮树难老,甘液流兮圣躬可澡,俾吾皇兮亿千寿考。"[1]唐玄宗这次游幸华清宫,行程与从前游幸基本相似,所不同的是他在华清宫中召见了寿王的妃子杨玉环。

唐玄宗为什么要在华清宫召见寿王妃呢?原来,在武惠妃死后,唐玄宗在感情方面出现了空白，希望得到填补。

唐人陈鸿在《长恨歌传》中说："先是元献皇后、武淑（惠）妃皆有宠，相次即世。宫中虽良家子千数，无可悦目者。上心忽忽不乐。时每岁十月，驾幸华清宫，内外命妇，熠耀景从，浴日余波，赐以汤沐，春风灵液，澹荡其间。上心油然，若有所遇，顾左右前后，粉色如土。"[2]

五代时期，刘昫在《旧唐书》中说："开元初，武惠妃特承宠遇，故王皇后废黜。二十四年惠妃薨，帝悼惜久之，后庭数千，无可意者。"

北宋时期，大史学家司马光在《资治通鉴》中也说："初，武惠妃薨，上悼念不已，后宫数千，无当意者。"

这些记载说明：元献皇后死后，特别是武惠妃死后，唐玄宗在感情上出现了空白，一方面对惠妃追思不已，另一方面为没有中意的新人而懊恼。

这种情况持续了将近三年时间。据说在这三年中，唐玄宗的后宫生活很不如意，经常晚上不知道该去何处就寝，便在夕阳西下的时候做一些无聊的游戏。

有时唐玄宗让宫中的佳丽们戴上鲜花玩耍，然后亲自放飞蝴蝶，看蝴蝶落在谁的花上，就到谁的寝宫里去。《开元天宝遗事》卷上《随蝶所幸》载："开元末，明皇每至春时，旦暮宴于宫中，使嫔妃辈争插艳花，帝亲捉粉蝶放之，随蝶所止幸之。"这正是唐玄宗失去武惠妃之后精神空虚的表现。

有时，唐玄宗则让宫女们抛掷铜钱打赌，然后让赌赢的人侍寝。这种情况与晋武帝乘着羊车在宫中游荡颇有几分相似。这说明他的精神相当空虚。《开元天宝遗事》卷下《投钱赌寝》载："明皇未得妃子（指杨贵妃），宫中嫔妃辈，投金钱赌侍帝寝，以亲者为胜。召入妃子，遂罢此戏。"这也透露出宫中嫔妃得不到帝王宠幸，情感无可寄托、精神空虚、百无聊赖而精神失衡的可怜遭遇。

陈鸿《长恨歌传》书影

由此看来，在武惠妃死后，唐玄宗感情空虚，需要有一位赏心悦目、才华横溢的美女来填补空白。

那么，唐玄宗为什么会出现感情空虚的问题，为什么迫切需要一位美女来填补空白呢？究其原因，主要是唐玄宗在这个时候得了更年期综合征。

说到更年期，一般人都会想到女性，认为只有女性才有更年期。事实上，这是一种偏见。科学表明，男性同样有更年期，只是更年期来得较晚，大部分人更年期症状不太明显而已。据研究，男性的更年期在五十岁至六十岁之间，其高发期是五十五岁至五十七岁。

在这个阶段，男性从壮年开始进入老年，一些人在生理和心理方面出现不良反应。比如有的人常常感到潮热、胸闷、气短、心慌，有些人则往往失眠、乏力、精神萎靡。随着这些症状的出现，心理方面也出了问题，焦虑、担心、忧愁、易怒，情绪低落，莫名其妙发脾气。

对此，不少人觉得很奇怪，不知道这是进入更年期后的症状。对这些症状如果不予以重视，不采取调节的措施，将是十分危险的。

古今中外，曾有不少名人在这个时段出了问题。如晋代的文学家左思、唐高宗李治、现代大文豪鲁迅、大教育家陶行知，都是在五十五岁时去世的。而北朝地理学家郦道元、唐代大文学家韩愈、宋代大书法家米芾、明代哲学家王阳明、近代大学问家梁启超都是在五十七岁时去世的。外国也有这样的情况，闻名遐迩的但丁、尼采，也都只活了五十七岁。虽然说死人的事是经常发生的，但更年期症状比较明显的男性在这个时段尤其危险是不争的事实。

唐玄宗在五十二岁时就进入了更年期，当年他一日之内杀死自己的三个亲生儿子，后来为此悔恨、焦虑，就是更年期症状的具体表现。武惠妃死后，他"悼念不已"，以至于感情方面出现空虚，也是更年期综合征的表现。这种情况到开元二十八年，也就是他五十六岁的时候更加严重。

按理说，唐玄宗需要美女填补空白与杨玉环没有什么关系。然而，事情的发展却恰恰相反。杨玉环万万没有想到，她竟然成了那个填补空白的人选。

史书记载，开元二十八年冬，唐玄宗游幸华清宫，当他进入温泉之后，触景生情，又想起了与武惠妃一起生活的美好情景，再次为没有佳丽陪伴而大伤脑筋，茶饭不思，精神萎靡，乱发脾气。

看到唐玄宗经常精神空虚，情绪不稳，宦官高力士与随行的大臣们都非常着急。高力士曾多次为玄宗选美，但唐玄宗一概看不上眼，对内宫的嫔妃和民间秀女已经没有兴趣。怎么办呢？他只好把选美的范围再扩大一些，从内宫扩展到外宫。唐制，以皇妃和皇太子之良娣为内命妇，而以亲王妃和有封号的大臣妻为外命妇。所谓外宫，主要是诸王府第。于是，杨玉环进入了他的视线。

陈鸿《长恨歌传》云："诏高力士潜搜外宫，得弘农杨玄琰女于寿邸。"《旧唐书·杨贵妃传》云："或奏玄琰女姿色冠代，宜蒙召见。"《新唐书·杨贵妃传》云："或言妃资质天挺，宜充掖庭，遂召内禁中，异之，即为自出妃意者，丐籍女官，号'太真'，更为寿王娶韦昭训女，而太真得幸。"《资治通鉴》亦云："或言寿王妃杨氏之美，绝世无双。上见而悦之。"这些记载虽不尽相同。但都说明了一个史实，那就是开元二十八年十月，唐玄宗游幸华清池，又想起与武惠妃沐浴的场景，物是而人非，神思恍惚，情绪异常。就在这时，有人把杨玉环推荐给了他。

推荐杨玉环的人是谁？史书中没有明确记载，只是说"或言""或奏"，但召杨玉环到华清池的无疑是高力士。高力士在唐玄宗面前自称"老奴"，最懂得唐玄宗的心态。他把杨玉环的情况向唐玄宗做了汇报，希望玄宗把杨玉环召到华清宫来。

作为唐玄宗最信任的宦官，高力士明明知道杨玉环已经是寿王瑁的妃子，为什么还要选中她呢？这可能有两个原因：一是杨玉环的花容月貌有口皆碑，其姿色仪态、风度举止无人可比，能起到填补唐玄宗感情上的空白的作用；二是武惠妃死后寿王失宠，把寿王妃召入内宫，估计不会引起麻烦与风波。

唐玄宗听了高力士的汇报，会有什么反应呢？他不知道杨玉环是他的儿媳妇吗？当然知道！

应当说，唐玄宗对杨玉环是了解的。因为开元二十三年（735）玄宗在东都为寿王册妃，知道寿王妃的美貌。次年春天举行大婚，寿王与王妃要朝见玄宗。回到长安以后的几年中，逢年过节，寿王夫妇都要拜见唐玄宗。在其他一些场合，唐玄宗也都有看到寿王妃的可能性。只是在武惠妃在世时以及她死后一段时间里，玄宗对于寿王妃还不会有什么杂念。

经历近三年的感情空虚和精神孤独，一直找不到心上人，唐玄宗失去了理智。故当高力士提及"姿色冠代"的杨玉环时，便不顾父之子情，不避翁媳之嫌，毅然决定横刀夺爱了。他同意高力士把杨玉环召到华清宫来。

于是，高力士来到寿王府，传达了杨玉环赴华清宫的命令。关于高力士令杨玉环赴华清宫面君的情景，文献记载非常简单。北宋乐史在《杨太真外传》中则明确指出："二十八年十月，玄宗幸温泉宫，使高力士取杨氏女于寿邸。"后来，宋祁、欧阳修等撰《新唐书》在《玄宗本纪》也说是"开元二十八年十月"。清代著名史学家赵翼曾强调说："杨贵妃本寿王瑁妃，……召入宫，此开元二十八年事也。"[3] 看来，这种说法是可靠的。

开元二十八年十月的华清相会揭开了李杨爱情史的序幕。史称杨玉环"既进见，玄宗大悦"。唐玄宗看到杨玉环的媚态，不禁为之倾倒。《长恨歌传》载："上（玄宗）甚悦，进见之日，奏《霓裳羽衣曲》以导之；定情之夕，授金钗钿合以固之。"具体情况究竟怎样呢？我们不妨做一番分析。

高力士到寿王府后会怎样传达唐玄宗的御旨呢？他能说皇帝陛下要纳杨玉环为妃吗？当然不会。他很可能只是说皇帝很久未见寿王妃了，请杨玉环即速前往华清宫面君。

杨玉环自开元二十五年（737）武惠妃死后，一直与寿王瑁为其守孝。不久之前，刚刚守满三年之丧，脱下孝服。为了给武惠妃追福，她开始学习道教，并换上了女道士的服饰。

唐代是一个开放的社会，人们有信教的自由。但要真正成为宗教的从业人员，必须向政府部门提出申请，在得到批准，获得度牒，并举行了入教仪式后，才算是入教了。杨玉环只是穿了道士服在家修行，还没有加入道教。

她听了高力士传达的诏旨，心里自然是很高兴的。为什么说她心里是高兴的呢？因为三年多的守孝生活使她感到非常压抑。她本来是一个性格开朗、喜欢唱歌跳舞、喜欢梳妆打扮的女子，三年来按照礼制一直穿着孝服，从未涂脂抹粉，也从未跳过一支舞，唱过一首歌。她的容颜甚至可能因此而憔悴。所以，当她听到去华清宫的消息时，心里自然充满了欢喜。

她已经三年没有见唐玄宗了，也想见见他。当时，她并不知道高力士的葫芦里卖的是什么药，更不会想到唐玄宗召她去华清宫的真实意图。

杨玉环高兴地与高力士来到华清宫，远远地就听见宫中传出悦耳的音乐声。就要见到皇帝了，她的心情很激动。也许她在路上曾设想过翁媳相见时的场景。但当她到达华清宫的时候，还是被眼前的场面震惊了。

进入华清宫大门，宫道两侧站满了欢迎她的人。宫廷乐队演奏着《霓裳羽衣曲》，引导她进入华丽的华清宫正殿。此前，她从来没有经历过这样的场面。

据说唐玄宗见到杨玉环时龙颜大悦，显得非常高兴，他的脸上露出了久违的微笑。很长时间他都没笑过了，现在他高兴地笑了。

当时杨玉环穿的是道士的服装，她没有经过什么打扮，三年的守孝生活，使她变得有些憔悴，所以看上去并不是那么妖娆。可是唐玄宗一见，马上就动了心。唐玄宗很高兴，所以赏赐了杨玉环一些金银首饰。

杨玉环很久没有得到长辈的关爱了，因为在武惠妃死后，这几年她一直在寿王府邸，没有长辈关爱她。现在唐玄宗对她这么好，她心存感激，心中也生出了好多年来没有的喜悦。

当天晚上，唐玄宗赐浴。杨玉环出浴之后，容光焕发，不胜罗绮，

华清宫复原图

显得楚楚动人。玄宗大悦,更年期的病症似乎一下子消失得无影无踪了。在以后的几天里,唐玄宗或让杨玉环参加宴会,或让她参与歌舞表演,对她表现出无微不至的关怀。杨玉环对唐玄宗也很好,把他服侍得很周到。

终于有一天,唐玄宗忍不住了,向杨玉环说出了他心中的秘密,就是要让杨玉环入宫去做他的妃子,让她离开寿王,入宫伴驾。

杨玉环听了唐玄宗这话之后是什么反应呢?杨玉环当时肯定很羞涩,肯定感到很震惊,因为这件事是她从来没有想也不敢想的。俗话说,君要臣死,臣不得不死,唐玄宗是君,杨玉环是臣。唐玄宗要她当妃子,她能够拒绝吗?可是话又说回来,从人伦的观念来说,杨玉环毕竟是寿王瑁的妃子,是有夫之妇,还是唐玄宗的儿媳,她能很愉快地答应唐玄宗的要求吗?

当时,唐玄宗已经五十六岁了,而杨玉环只有二十二岁,两个人相差了三十四岁。唐玄宗本人有哪些魅力,能够让二十二岁的杨玉环对他心动呢?我们知道,唐玄宗这个人是很有才能的,他长得一表人才不说，更重要的是富有才华，他的书法非常好。我们现在在西安碑林博物馆还可以看到他所书写的《石台孝经》碑，他的隶书可以说在唐代是很少有人能超过的。他还精通音律，会谱曲，懂多种乐器，他的羯鼓打得非常好，而且他热衷于歌舞事业。关于这点，文献中有许多记载，可见唐玄宗本人是一个好动的、多才多艺的人物。在这一点上，杨玉环和他有相似之处。

在和唐玄宗相处的日子里，以前杨玉环只是远远地看看唐玄宗，没敢近距离接触，这次到华清宫之后，通过几天的交往，她发现唐玄宗虽然年龄比较大，但是他的身体很好，而且多才多艺，十分富有魅力，他不仅有皇权，更重要的是他这个人太有情趣了。他对杨玉环的关爱远远超过了寿王瑁，寿王瑁太年轻了，还不太懂事，不知道关心别人。而唐玄宗呢？他在失去武惠妃之后，把他对武惠妃的一切感情都寄托在杨玉环的身上。所以他对杨玉环很好，杨玉环也深深地感受到了这一点。也就是说，杨玉环被唐玄宗吸引了，他们两个人之间是有共同语言的。也许正是因为有这两方面的原因，所以，杨玉环最终答应了唐玄宗的要求。她是真心答应，心甘情愿地接受了唐玄宗的请求。

说到这里，也许大家会觉得不可思议。杨玉环怎么会做出这样的决定呢？难道她舍得离开寿王吗？莫非她与寿王之间的感情出现了裂痕？她和唐玄宗才相处几天呀，就投入了他的怀抱？对于这些问题，史书中没有留下一点记载，我们只能综合各方面的情况做些推测。

杨玉环为什么要离开寿王瑁呢？她没有向任何人说过其中的原因。但从当时的实际情况来看，很可能是她与寿王的感情出现了裂痕。结婚之时，人们都说他们两个人是天设地造的一对。但是，随着时间的推移，他们的婚姻却出现了问题。什么问题呢？

首先就是他们的性格很可能不合。因为史书记载说，寿王瑁喜欢书法，读书习礼，对儒家的经典烂熟于胸，是一个好静不好动的人。

相反，杨玉环是一个好动不好静的人，她特别喜欢唱歌，喜欢跳舞。这两个人在性格上就有比较大的差异，用我们现在的话说，就是没有共同语言。

其次，更重要的问题是，他们两个人在结了婚之后，一直没有生育。也就是说杨玉环嫁给了寿王瑁，四五年时间过去了，按理来说她已经生了好几个孩子了，然而事实上她并没有为寿王瑁生下一儿半女。史书记载寿王瑁有五个儿子、六个女儿，但他们和杨玉环都没有关系。在古代，不能生育是一个大问题，古代婚姻中有"七出"之条，最大的一条是什么呢？就是没有后代，没有后代就可能被夫家休掉。寿王瑁开始的时候是很喜欢杨玉环的，可是杨玉环一直没给他生孩子。按照古人的观点来说，那就有无子无后、断子绝孙的危险啊，所以寿王瑁心里肯定很不高兴。

这两件事加在一块儿，慢慢地两个人的关系就会出现裂痕。史书虽然没有记载，但是这中间肯定会有这种因素。杨玉环这么聪明的人，肯定会感觉到寿王瑁对她越来越冷淡，所以在为武惠妃服丧期间，她表现得很低调，很虔诚。在服丧期结束之后，她为了讨好寿王瑁，甚至脱掉自己的礼服，而穿上了道士的服装，是为了给武惠妃追福。她希望借此表达一种孝道，从而让寿王瑁能够对她好一些。

然而，谁能想到，华清相会彻底破坏了他们的婚姻生活。唐玄宗要求杨玉环离开寿王瑁，给他当妃子。杨玉环不敢抗命，而且她发现唐玄宗比寿王瑁更有魅力，便答应了唐玄宗的要求。

开元二十八年十月二十八日，唐玄宗回到兴庆宫。至于杨玉环去向如何，史传未见记载，以事理推之，她只能暂时回到寿王宫邸。

华清相会就这样结束了。但是对唐玄宗和杨贵妃来说，这不是结束，而是刚刚开始。

在以后的几天中，杨玉环在寿王府邸坐卧不宁，她感到很尴尬，有时候也感到无奈和恐惧。寿王瑁对华清相会的内容一概不知，被蒙在鼓里，但是他发现杨玉环从华清宫回来之后有了变化，隐隐约约有一丝不祥的预感。而唐玄宗呢？唐玄宗的变化更大，因为自从在华清宫见到杨玉环之后，他就被杨玉环吸引了，他非常思念杨玉环，所以恨不得早早地把杨玉环召进宫来。

二、曲线纳妃

开元二十八年十月十一日至二十八日，唐玄宗在华清宫与杨玉环相会。回到长安后，他一刻也忘不了杨玉环的倩影，决心将她据为己有。但杨玉环毕竟是他的儿媳，公公占有儿媳肯定会招来世人的诟病。

李唐王室虽然出自关陇集团，有鲜卑贵族的血统，婚姻风俗较为自由，贞节观念相对淡漠，但唐王朝毕竟是以中原为核心的统一王朝，传统的伦理道德对它仍有较大约束。寿王李瑁毕竟是唐玄宗的儿子，唐玄宗若要强夺其妻，据为己有，在当时人看来，肯定是有悖情理的。

怎么办呢？也许是因为唐玄宗受到了杨玉环去华清宫的时候穿的那身服装的启示——杨玉环当时穿的是道士服，也许是由于其他人给他出了点子。总之，后来唐玄宗终于想出了一条妙计，就是度杨玉环为女道士。

度杨玉环为女道士，实际上是唐玄宗曲线纳妃的策略。所谓曲线纳妃，就是让杨玉环先去当女道士，过渡一下，然后再把她纳为妃子。那么这样做有什么好处呢？这样做起码有两大好处：

第一，通过杨玉环出家奉道，可以向世人宣布，杨玉环跟寿王瑁断绝了婚姻关系，说明他们两个人从此以后没有什么关系了。

第二，杨玉环奉道，可以随时还俗，在还俗之后，就可以被唐玄宗纳为妃子了。这样就可以避免父占子妻，或者说乱伦的嫌疑。

皇帝虽然贵为天子，也不能命令某某人去入道，入道必须出于自愿，自己提出来。杨贵妃说这容易啊，那就以我的名义提出来吧。于是，在唐玄宗的母亲昭成皇后忌日的那一天，杨玉环向唐玄宗提出了请求，要出家奉道，为昭成皇后追福。

唐玄宗立即批准了杨玉环的请求，让人写了一个度寿王妃为女道士的敕文。敕文是这样写的："圣人用心，方悟真宰，妇女勤道，自昔罕闻。寿王瑁妃杨氏，素以端懿，作嫔藩国，虽居荣贵，每在精修。属太后忌辰，永怀追福，以兹求度，雅志难违。用敦宏道之风，特遂由衷之请，宜度为女道士。"[4] 这段古文写得很漂亮，用我们现在的话来说，就是这个寿王瑁的妃子杨氏，是一个非常漂亮、贤惠的女子，因为她很高贵，所以被选为寿王的妃子。在寿王府中，虽然她作为王妃很尊崇，很华贵，但是她的志向不在享福，而在精修道教。现在在昭成皇后的忌日，她提出来要为昭成皇后追福，而且她的心意很坚决，雅志难违，别人没办法劝阻她。为了推崇道教，同时为了满足她的意志，满足她的请求，现在要度她为女道士。

这道诏书一下，杨玉环就从寿王的妃子变成了一名女道士。

关于杨玉环出家入道的具体时间，史书记载比较模糊。《旧唐书·杨贵妃传》载："时妃衣道士服，……既进见，玄宗大悦。"似乎寿王妃是先度为道士，然后穿着道士服到骊山与唐玄宗相会的。《杨太真外传》与《新唐书》则先述召寿王妃到温泉宫，后写以寿王妃为道士，即先见面，后度为女道士。

《全唐文》收录了《度寿王妃为女道士敕》，但遗憾的是未注日期。好在敕文中有"属太后忌辰"一句。"太后"，指唐玄宗的生母窦氏；"忌辰"，即逝世的日子。长寿二年（693）正月初二，玄宗近九岁时，母亲窦氏被武则天秘密杀害于神都内宫。睿宗重新即位后，追谥窦氏为昭成皇后，招其魂葬于洛阳城南。唐玄宗以帝母之重，追尊为皇太后，改葬睿宗桥陵，迁神主于京师太庙，每年正月二日例行悼念。既然度寿王妃为女道士是为太后忌辰追福，那就不可能发生在十月。正如史学家陈寅恪先生所说："假定杨氏以开元二十八年十月为玄宗所选取，其度为女道士敕文中之太后忌辰，乃指开元二十九年正月二日睿宗昭成窦后之忌日。"[5]

正月初二，杨玉环根据敕文正式当了女道士，赐号为"太真"。不久，杨玉环以女道士的身份跟随唐玄宗又到骊山去了。从正月十一到正月十八，在温泉宫度过了八天欢乐的时光。之后，唐玄宗返回兴庆宫，"女道士"杨玉环则居于大明宫内的太真观。

杨玉环入道是在唐玄宗的授意下进行的，为什么在敕文中却说是出自寿王妃的"由衷之请"？如果寿王妃"精修"真宰，又怀孝思，那也可在以前求度，为何恰好选在华清相会之后发出这个敕令呢？

宋代史学家司马光指出："上（玄宗）见而悦之，乃令妃自以其意乞为女官。"[6]所谓"女官"，即"女冠"，也就是女道士。唐代女道士头戴黄冠，故名。"官"与"冠"通，故女冠又称"女官"。杨玉环之出家，是由于唐玄宗"令"其入道，并非出于本人的请求。可见，什么"永怀追福"，什么"雅志难违"，无非是要用"用敦宏道之风"的辞令掩盖玄宗夺取儿媳的行为。杨玉环当了女道士，道号为太真。所谓"太真"，是道教修炼用语。南朝道教首领陶弘景说："仙方名金为太真。"以"太真"为号，体现了"宏道"的精神。

唐玄宗是一位非常崇信道教的皇帝，他自骊山回宫后，梦见道教始祖玄元皇帝告诉他："吾有像在京城西南百余里，汝遣人求之，吾当与汝兴庆宫相见。"[7]果然，玄宗派人在周至楼观山间找到了老子像。同年闰四月，迎置兴庆宫。五月，唐玄宗命画玄元皇帝真容，分置诸州开元观。毫无疑问，这股全国范围内的崇道之风，是跟寿王妃度为女道士相呼应的，或者说是给寿王妃入道制造某种气氛。

大家想一想，为什么度她为女道士，而不是度她为尼姑呢？这主要有三方面的原因：

一是唐玄宗以老子的后裔自居，将道教定为国教。开元年间，唐玄宗曾亲自为《道德经》作注，大力推崇道教。把寿王妃度为道士，符合唐玄宗崇道的政策。

二是当时道士女冠的地位比和尚尼姑的地位要高，又有西城公主和隆昌公主出家当女道士的先例。而且，女道士有时可以过正常人的生活，还俗比尼姑容易。

三是"妇女勤道，自昔罕闻"。唐睿宗曾以西城公主与隆昌公主为女道士，道号金仙、玉真，"以资天皇太后（武则天）之福"[8]。开元四年（716）六月，太上皇睿宗逝世，唐玄宗以"万安公主为女官，欲以追福"[9]。既然有西城公主与隆昌公主"资福"和万安公主"追福"的先例，那么，在窦太后"忌辰"之际，为了"永怀追福"，度寿王妃为女道士，就是合情合理的了。

杨玉环就这样被正式地度为女道士，也就宣布了杨玉环和寿王瑁离婚了。

在这个时候，寿王瑁的心情又如何呢？他的心里究竟是怎么想的呢？因为在我们看来，寿王瑁一直处于被动的地位。他不曾想到杨玉环会离开他，尽管他对杨玉环可能有意见；他更不会想到他的父亲会公然夺取他的妻子，据为己有。但是他想不到的事情现在发生了。怎么办呢？他只能是咬碎了牙往自己的肚子里咽，他心中的痛苦是可想而知的。

杨玉环被度为女道士之后，正好寿王瑁的养父宁王李成器去世了，他就向唐玄宗提出了请求，要以儿子的名义去为他守孝。这个请求当然得到了唐玄宗的批准，因为唐朝帝王都是主张以孝治天下的，既然在这个关键的时刻寿王瑁提出要为宁王守孝，这很好，让他去吧。

他去守孝的话心情可能会平静下来，也不会为自己惹来什么麻烦。所以，唐玄宗就很快答应了寿王的请求。从礼制上来说，他确实是应当为宁王守孝。另外一方面，他把这个守孝也作为对自己痛苦的一种慰藉，一种逃避。他只能逃避。

唐玄宗让杨玉环出家奉道，目的是要曲线纳妃。杨玉环被度为女道士之后，寿王瑁前往宁王府守孝，二人从此断绝了关系，这在客观上就为玄宗与杨玉环的结合创造了条件。那么，唐玄宗能不能顺利地纳杨玉环为妃呢？

注释

[1]《全唐文》卷二九五

[2]《文苑英华》卷七九四。

[3]《廿二史札记》卷一六。

[4]《全唐文》卷三五。

[5] 陈寅恪：《元白诗笺证稿》，古典文学出版社1958年版，第20页。

[6]《资治通鉴》卷二一五，玄宗天宝三载十二月条。

[7]《资治通鉴》卷二一四，玄宗开元二十九年正月条。

[8]《资治通鉴》卷二一〇，睿宗景云元年十二月条。

[9]《资治通鉴》卷二一一，玄宗开元四年六月条。

第四讲　再嫁之谜

　　杨玉环最初嫁给了唐玄宗的儿子寿王瑁，时人认为他们是天设地造的一对。然而，几年之后，他们的婚姻解体了。给他们的婚姻造成致命一击的人不是别人，正是他们的父皇唐玄宗。华清之会后，唐玄宗迫不及待地要将杨玉环变成自己的妃子。然而，让人想不到的是，他却让杨玉环当了女道士。经过将近五年时间的等待，才将杨玉环立为贵妃。那么，唐玄宗葫芦里到底卖的是什么药？在当女道士期间，杨玉环与唐玄宗是什么关系？她的再嫁之路又是怎样的呢？

一、玉环再嫁

自从唐玄宗颁布了度道士诏，杨玉环就离开了寿邸，当起了女道士。当然，当女道士只是个过渡。唐玄宗的本意并不是真心让杨玉环当女道士，而是为了曲线纳妃，把她留在自己身边。

杨玉环入道后，最初住在大明宫的太真观中。唐玄宗要处理政事，经常居住在兴庆宫。从大明宫通过"复道"到兴庆宫，往来总不甚方便。因此，开元二十九年（741）冬天，杨太真跟随唐玄宗避寒于温泉宫。这是李杨第三次的骊山相会，比前两次长得多，从十月十九日一直到十一月十四日。从骊山回来以后，杨太真也就住进了兴庆宫，再也不愿到大明宫的道观里去了。

史载，杨太真深受玄宗宠爱，"不期岁，礼遇如惠妃。太真姿质丰艳，善歌舞，通音律，智算过人。每倩盼承迎，动移上意。宫中呼为'娘子'，礼数实同皇后"[1]。陈寅恪先生指出，娘子"即今世俗'太太'之称"。当时民间往往称家庭主妇为"娘子"，而宫内嫔妃则是没有此称的。宫中之所以呼杨太真为"娘子"，是因为她没有正式册妃而承欢玄宗，于是借用了民间的称谓。当然，娘子与妃子也是有区别的，但在宫中称之，实含嫔妃之意。唐玄宗总算如愿以偿了，杨太真成了他私生活中形影不离的伴侣。他心里很高兴,把杨太真视为掌中之宝。

太真上马图

开元二十九年,天下乂安,海内富实。唐玄宗宣称:"自朕嗣守丕业,洎三十年,实赖宗社降灵,昊穹孚祐,万方无事,六府惟修,寰宇晏如,庶臻于理。……式降惟新之泽,可大赦天下,改开元三十年为天宝元年。"[2]天宝元年(742)正月初一,玄宗亲御兴庆宫西南隅勤政楼,受群臣朝贺,正式改元"天宝"。二月,玄宗加尊号为"开元天宝圣文神武皇帝"。改侍中为左相,中书令为右相,尚书左右丞相依旧为仆射,东都为东京,北都为北京,州为郡,刺史为太守。随着天宝时期的到来,天宝元年十月,杨玉环跟随唐玄宗第四次幸骊山,住了三十三天。天宝二年(743)十月第五次到骊山避寒,住了三十八天。次年正月第六次幸骊山,住了三十天,十月第七次幸骊山,又住了三十四天。这说明李杨爱情有了新的发展。

就在这个时期,大诗人李白来到了长安,以自己的神来之笔与奇妙诗篇,给欢闹的宫廷生活增添了新的情趣。李白字太白,是唐代最杰出的浪漫主义诗人。道士吴筠推荐了李白,李白来到长安,太子宾客贺知章见到他时,叹道:"子,谪仙人也!"贺知章又向唐玄宗推荐,玄宗立即召见了李白。李阳冰《草堂集序》记载,玄宗"降辇步迎,……御手调羹以饭之"。玄宗还对李白说:"卿是布衣,名为朕知,非素蓄道义,何以及此。"可见唐玄宗对李白的重视。为什么玄宗如此礼遇李白呢?因为他要求才。虽然李林甫专权,妒忌人才,但玄宗有时还是要强调一下求才的。改元天宝的大赦文即申明"国之急务,莫若求才",要求:"白身人中,有儒学博通及文词秀逸,或有军谋越众,或武艺绝伦者,委所在长官具以名荐。"此外,李白号称"谪仙人","素蓄道义",即对道法颇有造诣。既然玄宗当时对李白如此优遇,为什么仅命他供奉翰林呢?翰林供奉负责撰拟诏制,李白自己都感到荣宠,并不将供奉翰林视为贱职。

李白从天宝元年秋至天宝三载(744)夏秋间,在长安住了近两年,留下了许多有趣的故事。李肇《唐国史补》里有一条"李白脱靴事":"李白在翰林多沈饮。玄宗令撰乐辞,醉不可待,以水沃之,白稍能动,索笔一挥十数章,文不加点。后对御引足,令高力士

《历代古人像赞》中的李白像

脱靴，……""令高力士脱靴"仅此一句，李白"令"脱，高力士是否替李白脱靴，没有交代清楚。《酉阳杂俎》亦载："玄宗于便殿召见，神气高朗，轩轩然若霞举，上不觉亡万乘之尊，因命纳履。白遂展足与高力士，曰：'去靴。'力士失势，遽为脱之。"对于这些说法，有学者表示怀疑，认为李白虽然傲岸清高，但作为一个翰林供奉，在帝王面前绝不会将高力士卑视为奴仆，就高力士来说，也绝不会干出为李白脱靴这样的事。

天宝三载三月，鲜花盛开，兴庆宫沉香亭边上的牡丹园开满了牡丹，非常漂亮。唐玄宗带着杨玉环到这个地方来赏花。歌手李龟年拿着檀板，唱起赞美花儿的歌曲。唐玄宗说："哎哎，别唱别唱。名花对妃子，焉用旧词？"意思是说，现在这么好的花，又对着这么漂亮的妃子，唱那些陈词滥调干什么？接着叫他赶快找李白写一首新的歌词。李龟年拿着金花笺去找李白。据说李白正在胡姬酒家喝酒，喝得醉醺醺的，但他拿起笔来，很快写成《清平调》三首：

其一

云想衣裳花想容，春风拂槛露华浓。

若非群玉山头见，会向瑶台月下逢。

其二

一枝红艳露凝香，云雨巫山枉断肠。

借问汉宫谁得似？可怜飞燕倚新妆。

其三

名花倾国两相欢，长得君王带笑看。

解释春风无限恨，沉香亭北倚阑干。

在这里，李白以比兴手法，以名花比喻倾国美人，热情地赞颂了太真妃。所谓"群玉山头"与"瑶台"，写的是道教的仙境，似为点出她女道士的身份。第二首诗中借汉喻唐，以赵飞燕比杨太真，

沉香亭

揭示了太真妃"贵倾后宫"的特殊地位。唐玄宗接到《清平调》三首后,立刻令被之管弦,让李龟年放声歌唱。据说,玄宗亲自调玉笛以倚曲,太真妃"笑领歌,意甚厚"。总之,李白在《清平调》三首中,以绮丽高华之笔,为牡丹和太真妃传神写照。由此可以看出杨太真在当时是多么艳丽,多么尊贵。

二、册妃之路

既然唐玄宗将杨玉环度为女道士的目的是要将她据为己有,纳为妃子,为什么迟迟不给她名号呢?直到天宝四载(745)七月,唐玄宗才决定立杨玉环为贵妃。为什么让杨玉环当了四五年的道士才立她为贵妃呢?这中间肯定是遇到了阻力。什么阻力?阻力来自何方?从当时的情况来看,阻力可能来自三个方面。

第一,是父子亲情。尽管寿王瑁在杨玉环出家之后已经和她断绝了婚姻关系,但是唐玄宗不能不考虑他的感受。

第二,是来自大臣的谏阻,因为大臣有时候会提意见。比如说,当年唐高宗想立武则天为皇后,长孙无忌、褚遂良,还有一批大臣都纷纷上书,有人甚至叩头流血来谏阻他。又如唐玄宗在王皇后死后曾经想立武惠妃为皇后,大臣张九龄等人也进谏,最终事情还是泡汤了。所以他要考虑大臣的感受,害怕大臣进谏。

第三,是社会舆论的压力。杨玉环曾经给寿王瑁当过妃子,虽然唐代是一个开放的社会,但是如果唐玄宗要娶杨贵妃的话,毕竟不合伦理道德,社会舆论并不看好这种情况。因此,唐玄宗也有这种顾虑。

到了天宝四载,唐玄宗经过了解,看到杨玉环入道以后,她给寿王瑁当妃子这段经历已经慢慢被人们淡忘了,他估计社会舆论不会有什么压力了,因为一般人也不知道太真妃的来历,不知道她曾经给寿王瑁当过妃子。另外,大臣们当时在李林甫的专制之下,唯唯诺诺,唯命是从,没有人敢进谏。所以这两个阻力都排除了。

将杨玉环册立为贵妃是唐玄宗的夙愿。然而,杨玉环毕竟曾是寿王的王妃,尽管寿王瑁与她的感情似乎并不很深,但唐玄宗还是得考虑寿王的感受。为了弥合寿王心灵的创伤,唐玄宗在册立杨玉环之前,首先采取了一些安抚寿王的措施,在立杨贵妃之前十天,给他另选了一位王妃——韦妃。两件喜事,一前一后,是精心安排的,册寿王妃是立杨贵妃的必要准备。

册立韦妃的日期,《资治通鉴》说是天宝四载七月壬午,"壬午"即十六日。但据《册寿王韦妃文》,当为"壬辰",即二十六日。册文内容如下:"维天宝四载,岁次乙酉,七月丁卯朔,二十六日壬辰,皇帝若曰:於戏!古之建封,式崇垣翰,永言配德,必择幽闲。咨尔左卫勋二府右郎将韦昭训第三女,育庆高门,禀柔中阃,……爰资辅佐之德,以成乐善之美。是用命尔为寿王妃。今遣使光禄大夫行左相兼兵部尚书、宏文馆学士李适之,副使金紫光禄大夫行门下侍郎、集贤院学士兼崇文馆大学士陈希烈,持节礼册。尔其钦承宠数,率由令则,敬恭妇道,可不慎欤!"[3]

十年前，唐玄宗在东都颁布过《册寿王杨妃文》，内容类似。可是，杨妃后来不再属于寿王。现在，寿王年已二十七岁，玄宗再次给他选了韦妃。这样两次册妃，在唐代是罕见的事。更为稀奇的是，大臣陈希烈担任了两次册妃的副使。他对杨玉环的来龙去脉可谓是了如指掌，而且清楚地意识到，另册韦妃是为杨贵妃的册立做舆论准备的。陈希烈性格柔佞易制，唯唯诺诺，办事小心，关于杨妃的事自然不会声张出去。

韦妃与杨玉环一样，也是出自名门。《新唐书·宰相世系表》载，韦昭训源于韦氏郧公房，其父韦浞官为齐州刺史，祖父韦爽曾任太仆少卿，从祖父韦巨源历任武则天、唐中宗时的宰相。神龙初，"附入韦后三等亲，叙为兄弟，编在属籍"[4]。地位颇为显赫。后来，李隆基发动"六月政变"，诛灭韦后，韦巨源也为乱兵所杀。开元年间，除了李、武之间与李、杨之间通婚外，李、韦两大家族之间也往往缔结姻缘。唐朝王室有不少韦妃，如薛王业（玄宗之弟）妃韦氏、鄂王瑶妃韦氏、皇太子亨妃韦氏、棣王琰妃韦氏等等。册文说韦妃"育庆高门"，就是针对这一点来说的。原先杨妃的离去，给寿王留下了感情上的悲哀。好在寿王生性谨慎，不敢发泄不满。现在有了韦妃，一切又向好的方面发展。于是，他的悲哀也就消失了。[5]

随着十年时光的流逝，东都册封寿王杨妃的事，人们或许淡忘了。《册寿王韦妃文》中绝对不会涉及往事，似乎寿王至此时才娶得一位王妃。这样，杨玉环原是寿王妃的那段历史被掩盖了。即使局外人知道寿王娶过一位杨妃，但那位杨妃是否就是杨贵妃，也未必那么清楚。皇宫里双喜临门，皇帝立妃，皇子娶妻，在热闹声中割断了某种瓜葛。因此，册寿王韦妃，是唐玄宗为自己立杨贵妃创造的必要的前提条件。

陈鸿的《长恨歌传》、刘昫的《旧唐书》、乐史的《杨太真外传》和司马光的《资治通鉴》，都说是"册"杨太真为贵妃。这里的"册"

实际上并不是指纳妃礼仪，而是赐号贵妃的意思。从大量资料来看，杨玉环被立为贵妃，不是以父家闺女受册的，因此纳妃那一整套的礼仪均无奉行的必要。如果真的遵照纳妃礼仪办，反而会弄巧成拙，徒然暴露杨玉环入主后宫的非正常过程。事实上，杨玉环以"娘子"和"太真"的名号，在兴庆宫里已经生活了三年多时间，早已是皇妃了。"赏名花，对妃子"，就清楚地说明了这一点。问题在于太真妃是没有名目的非正式的称号，要正名，就必须赐号贵妃。正如当年武惠妃一样，年幼"随例入宫"，开元初"渐承恩宠"，"及王庶人（皇后）废后，特赐号为惠妃，宫中礼秩，一同皇后"。[6]

既然是赐号贵妃，那么当时是否举行了隆重的典礼呢？从赐号贵妃时的情况来看，似乎没有，至多是有一次内宫的欢庆宴乐。陈鸿只说"册为贵妃，半后服用"[7]，而不提及庆典。宋人乐史说："天宝四载七月，册左卫中郎将（应为左卫郎将）韦昭训女配寿邸。是月（应为八月），于凤凰园册太真宫女道士杨氏为贵妃，半后服用。进见之日，奏《霓裳羽衣曲》。是夕，授金钗钿合。"[8]这是采撷唐人杂著的描述。凤凰园或许就是丹凤园。原来，大明宫南墙有五个大门，中门叫丹凤门，内有园叫丹凤园。"据《开元礼纂类》载，临轩册命皇后，规定在太极殿（西内）里举行。"[9]早在先天元年（712）八月，唐玄宗即位后第七天册立妃王氏为皇后，礼仪就是在太极殿里举行的。至于立杨贵妃，无疑是在兴庆宫（南内）。因为天宝年间重大的节日庆典也改在兴庆宫了。当然，杨太真的太真观既然在大明宫，则册立贵妃的活动可能也涉及了大明宫。因史料缺乏，详细情况已经不得而知了。

自天宝四载八月起，"杨贵妃"这一称号逐渐为朝野所熟悉，至今历1270年之久，还是家喻户晓。那么，贵妃的称号是怎样得来的，有什么内涵呢？贵妃作为皇帝的妃嫔之一，始置于南朝宋武帝。"孝建三年(456)……置贵妃,位比相国,进贵嫔,位比丞相,贵人位比三司,以为三夫人。"[10]其地位仅次于皇后。唐初,在皇后之下有贵妃、淑妃、德妃、贤妃,为四夫人,正一品。如唐高祖时,有位万贵妃,她的地位就仅次于皇后。但是,从唐太宗时期开始,贵妃的设置并不固定。后来,"玄宗以皇后之下立四妃,……非典法也。乃于皇后之下立惠妃、丽妃、华妃等三位,以代三夫人,为正一品"[11]。也就是说,唐玄宗即位后取消了贵妃称号,以惠妃仅次于皇后。及至天宝四载,杨玉环得宠已有四年多时间,如果依旧俗称娘子或者太真妃,实在是不符合典法的。由于贞顺皇后曾经是玄宗最宠爱的惠妃,如果再将此号赐给别人,似乎不大妥当。于是,唐玄宗恢复了贵妃的称号,立杨太真为贵妃。从制度上说,贵妃仅次于皇后,但当时没有皇后,所以,杨贵妃处于事实上的皇后地位,即六宫之主。

《定命录》记载了这样一件事:"贵妃杨氏之在蜀也,有野人张见之云:'当大富贵,何以在此?'或问:'至三品夫人否?'张云:'不是。''一品否?'曰:'不是。'"然则皇后耶?'曰:'亦不是,然贵盛与皇后同。'见杨国忠,云:'公亦富贵,位当秉天下权势数年。'后皆如其言。"[12]这种说法虽为小说家之言,但说明了当时杨玉环在人们心目中的地位。

三、贵妃地位

史书记载说,唐玄宗册杨贵妃时,杨贵妃

张见之为贵妃面相的记载

的服饰一半是皇后规格，又说，立为贵妃后享受着皇后的待遇。这是非同寻常的举措，说明唐玄宗对杨贵妃格外宠爱。既然如此，为什么不直接立她为皇后呢？

不直接立杨贵妃为皇后可能有多种原因：

其一，受历史传统的影响。唐高祖李渊正妻窦氏早于隋末逝世，唐王朝创建后就没有另立皇后。唐太宗即位，以长孙氏为皇后。贞观十年（636）长孙皇后病亡，唐太宗不再立新的皇后。唐高宗当政时期，先有王皇后，后有武皇后（武则天），这算是个特例。唐中宗时只有韦后。唐睿宗重新即位，以刘氏与窦氏早已被杀，就没有再立皇后。玄宗即位初，以王氏为皇后。王皇后死后，"上欲以武惠妃为皇后"[13]，遭到朝臣反对，只好作罢。反对的理由主要是：如以武氏为"国母"，将会取笑于天下；而且，太子非惠妃所生，容易引起宫廷内争。由此可见，拥立"国母"是极其慎重的事，一般不宜更立皇后。正因为如此，尽管唐玄宗宠爱杨贵妃甚于惠妃，但还是不可立为皇后。若杨太真以女道士的身份当了"国母"，不也会取笑于天下？而且太子李亨年长于杨玉环，玉环为皇后，又成何体统呢？

其二，皇后要母仪天下，要给天下妇女做榜样，行动往往受到限制，而贵妃则相对比较自由。唐玄宗要与杨贵妃长相厮守，当寻常夫妻，所以才不给她皇后的名号。

在举行册立活动之后，杨太真就变成了杨贵妃。唐玄宗彻底完成了父夺子妻的过程。父夺子妻牵扯到人伦道德问题，我们应当怎样理解这一事件呢？

唐玄宗册立杨太真为贵妃，这件事看似简单，实际上很复杂。如果杨太真不是寿王妃，唐玄宗纳她为妃，是绝对不必考虑舆论影响的，也不必等待四年多的时间。

但历史不能假设，杨贵妃确实曾给寿王瑁当过妃子。明眼人都能看得出，唐玄宗册立杨贵妃，实质上就是父夺子妻。即使在婚姻关系较为自由的盛唐时期，这种事情也是不正常的。唐玄宗虽然大权在握，但要公然立子妻为皇妃，还是不能不有所顾忌的。

正因为如此，他采取了度寿王妃为女道士的方法，足足拖了四年多，经过充分的准备与掩饰，才宣布了杨贵妃的册命。

可以肯定，当时的局外人对唐玄宗父子与杨贵妃的微妙关系是不大知情的。知情者或者慑于皇权，或者有意避讳，都没有评议父夺子妻在伦理观念上的是非。

半个世纪以后，陈鸿在《长恨歌传》中提及杨玉环是选自寿邸，可见民间已广泛知道杨贵妃本来是寿王妃。但诗人白居易《长恨歌》却偏偏说："杨家有女初长成，养在深闺人未识。天生丽质难自弃，一朝选在君王侧。"给人的印象是杨玉环从闺房直接被选为唐玄宗的妃子，从而隐瞒了杨玉环曾与寿王瑁结婚的事实。

白居易为什么要这么做呢？因为他是唐朝的臣民，要为唐玄宗避讳，要把唐玄宗和杨贵妃的爱情故事写成纯真的、美好的，让人知道唐玄宗和杨贵妃是非常亲密的一对。

后来诗人李商隐为寿王鸣不平，说："夜半宴归宫漏永，薛王沉醉寿王醒。"[14]将寿王当年想发泄而强行压抑的愤慨心情委婉地点了出来。其实薛王死于开元二十二年（734），怎能和失去了杨妃的寿王共赴宫宴呢？当然，薛王是尽人皆知的酒色之徒，拉他出场作为陪衬，是要说明薛王没有爱妃被占的委屈，畅饮至醉，而寿王心有离愁，无意沾唇。这一醉一醒，反映了两人截然不同的遭遇和心态。诗歌曲折含蓄地对唐玄宗夺子之妇进行了隐晦的讽刺。

清代以来，有些学者对杨玉环当过寿王妃的经历表示否定，认为杨玉环是以处女的身份进入宫中做唐玄宗贵妃的。这些说法只是一种推测，缺乏应有的根据，因而是不可尽信的。

四、杨门承恩

从大量文献来看，杨玉环成为贵妃后，朝廷照例进行了封赏。她的父母兄弟都跟着沾了光。

1. 追赠亲生父母

封建时代推恩是按等亲进行的。唐代帝王提倡孝道，孝是对长辈而言的，首先是要孝敬父母。推恩当然先是父母而后子女，所以，杨太真荣升贵妃后，首先要恩及父母。

杨玄琰虽然早已亡故，但必须追赠官爵。《资治通鉴》卷二一五载："赠其父玄琰兵部尚书。"[15]这是天宝四载八月初次赠官。《旧唐书·杨贵妃传》又载："妃父玄琰，累赠太尉、齐国公。"所谓"累赠"，就是多次追赠的意思。兵部尚书，正三品；太尉系三公，正一品。可见官爵越赠越高，这也侧面反映了唐玄宗对杨贵妃的专宠程度。

至于杨贵妃的母亲，也受到了追封。《旧唐书·杨贵妃传》载："母封凉国夫人。"

当时，在杨贵妃的长辈中，健在的只有叔父杨玄珪。唐玄宗封他为光禄卿，从三品，还算是得体的。

后来，叔父杨玄珪累迁至工部尚书，正三品，于是，生父杨玄琰追赠的官爵相应提高，从兵部尚书加至太尉、齐国公。

此外，唐王朝还特地为"贵妃父祖立私庙，玄宗御制家庙碑文并书"[16]。这对杨氏家族无疑是莫大的荣耀。

2. 隐没养父母

杨玉环曾经是杨玄璬的养女，她被纳为寿王妃后，杨玄璬被提拔为国子司业。但在这次推恩活动中，养父杨玄璬似乎被隐没了，并没有得到封赏。即使亡故，也该追赠官爵。难道唐玄宗与杨贵妃遗忘了这位养父吗？当然不会。相反，记得太清楚了，以至于不得不将他隐去。

这里面隐藏着难言的苦衷。苦衷是什么？苦衷是要掩盖杨玉环曾经当过寿王妃的历史。十年前，唐玄宗在《册寿王杨妃文》中明确写道："尔河南府士曹参军杨玄璬长女，……为寿王妃。"也就是说，杨玉环是以"杨玄璬长女"的身份嫁给寿王的，早已亡故于四川的生父杨玄琰却不引人注意。

当时一般人只知道杨玉环是杨玄璬的女儿，而不了解她的亲生父亲杨玄琰。因为长女当了寿王妃，"所以杨玄璬也从东都到了西京，任职为国子司业"[17]。唐朝国子监设祭酒一员，从三品；司业二员，从四品下。祭酒、司业之职，掌邦国儒学训导之政令。杨玄璬原为河南府士曹参军，从七品下，现任国子司业，算是连升十二级了。后来，杨玉环为女道士，杨玄璬对此是赞同还是反对呢？作为养父，作为职掌儒学训导的国子司业，他自然深知玉环度道不过是幌子而已，是唐玄宗夺子妻的过渡办法。也许他不赞同，但也不敢反对，因为事情出于皇帝的意愿，况且杨玉环本人后来也是乐意的。

唐玄宗正式册立杨贵妃时，杨玄璬已经亡故了。在推恩杨门的名单中，没有这位养父。道理很简单，如果有了杨玄璬，岂不叫世人联想到杨贵妃即其长女吗？而隐掉了杨玄璬，也就多少掩盖了杨贵妃即寿王妃的那段历史。特别是对不了解内情的世人来说，这样做更有必要。正如日本学者井上靖先生所说："是因为考虑到还是从正式文献上抹掉更为平安无事吧，这个人物再也没有在历史上露名。"[18]

3. 提拔众兄弟

在推恩长辈之后，接下来便是兄弟。杨贵妃的兄弟们因她的关系而纷纷获得官位。

其亲兄杨铦，初任殿中少监，从四品上，协助掌管天子服饰、总领尚食等六局之官署。后迁鸿胪卿，从三品；再授三品、上柱国，享有"私第立戟"的荣宠。

从兄杨锜，即杨玄珪之子，初任侍御史，从六品下。八月尚太华公主，晋为驸马都尉，从五品下。有趣的是，杨玉环为寿王妃时，太华公主叫她嫂嫂，是同辈。当了贵妃后，太华公主乃至寿王，则属于晚辈了。可是，杨贵妃的从兄又偏偏娶了太华公主，从中牵线者也许是杨贵妃。辈分上如此混乱、颠倒，真是不多见的。

从祖兄杨钊，即后来的杨国忠，是贵妃三代直系之外的亲属，初次推恩时没沾上光。因此在仕途上不得不另辟蹊径，走了一条与杨氏其他兄弟不同的道路。

还有一个堂弟，名叫杨鉴，大概是因为年幼，未曾封官，后来长大，尚了公主，授职湖州刺史。[19]

4. 推恩诸姐妹

按照唐代的礼制，外戚推恩推到父母兄弟也就够了。然而，杨贵妃受宠后，她的姐姐们也跟着沾了光。这究竟是怎么回事呢？

杨贵妃的三个姐姐花容月貌，各有特点。她们分别嫁给了崔家、裴家、柳家，依夫姓氏称崔氏、裴氏、柳氏。天宝初年，杨玉环为太真妃时，她们来到了长安。杨太真被册立为贵妃后，"贵妃三姊，皆赐第京师，宠贵赫然"[20]。

天宝七载（748）十一月，唐玄宗在华清宫宣布以崔氏为韩国夫人，裴氏为虢国夫人，柳氏为秦国夫人。此三人皆有才色，出入宫掖，并承恩泽，势倾天下。连玄宗之妹玉真公主也对她们谦让三分。其中虢国夫人宠遇最深，权势最大。故诗人元稹有"杨氏诸姨车斗风""虢国门前闹如市"的诗句。

杨太真经过四年多的等待，终于被册立为贵妃。从此，她的称号从太真、娘子变成了杨贵妃。虽然没有得到皇后的名号，但却得到了皇后的待遇。连她的父母、兄弟、姐妹都跟着沾了光。常言说，伴君如伴虎，杨贵妃能够真正俘获唐玄宗的心吗？在立为贵妃之后，等待她的将会是什么呢？

注释

[1]《旧唐书》卷五一《玄宗杨贵妃传》。

[2]《唐大诏令集》卷四。

[3]《全唐文》卷三八。

[4]《旧唐书》卷九二《韦巨源传》。

[5] 寿王李瑁卒于唐代宗大历十年（775）正月壬寅，终年五十七岁。参见《资治通鉴》卷二二五。

[6]《旧唐书》卷五一《玄宗贞顺皇后武氏传》。

[7]《文苑英华》卷七九四。

[8]《杨太真外传》卷上。

[9] 许道勋、赵克尧：《唐玄宗传》，人民出版社1993年版，第346页。

[10]《宋书》卷四一《后妃传》。

[11]《旧唐书》卷五一《后妃传上》。

[12]《太平广记》卷二二四。

[13]《资治通鉴》卷二一三，玄宗开元十四年四月条。

[14]《全唐诗》卷五四〇。

[15] 另有《杨太真外传》记载云："册妃日赠其父玄琰济阴太守，母李氏陇西郡夫人。"追赠"太守"，未必可靠，官职太小。父母并赠，又可见母李氏亦已逝世。

[16]《旧唐书》卷五一《玄宗杨贵妃传》。

[17] 许道勋、赵克尧：《唐玄宗传》，人民出版社1993年版，第350页。

[18]〔日〕井上靖：《杨贵妃传》，林怀秋译，陕西人民出版社1984年版，第89页。

[19] 参见许道勋、赵克尧：《唐玄宗传》，人民出版社1993年版，第353页。

[20]《资治通鉴》卷二一五，玄宗天宝四载八月条。

虢国夫人像

秦国夫人像

第五讲　万千宠爱

杨玉环被册为贵妃后,人们将她称作"杨贵妃"。在中国古代诗歌中,杨贵妃是最受宠爱的一位贵妃。白居易在《长恨歌》中说:"后宫佳丽三千人,三千宠爱在一身。"陈鸿在《长恨歌传》中也说,杨贵妃"与上行同辇,止同室,宴专席,寝专房……使天子无顾盼意"。由此可见,杨贵妃上位之后,一直处于专宠的地位。那么她究竟何德何能,能够长期占据唐玄宗的心呢?唐玄宗这样一位风流皇帝为什么会专宠于她?唐玄宗又是怎样专宠杨贵妃的呢?

唐代后宫之制，妃嫔仿百官而设，例有等级差别，其正式册封者皆有品秩。据两《唐书》记载，唐代帝王后宫置皇后一人，妃嫔一百二十二名。作为盛唐天子的玄宗当然拥有众多妃嫔。白居易《长恨歌》中的"后宫佳丽三千人"正是唐玄宗多妻特权的写照。玄宗虽然妃嫔众多，但在天宝年间，"三千宠爱在一身"，完全钟情于杨贵妃。这种情况在中国古代是比较少见的。杨贵妃是怎样走上专宠道路的？她的专宠有哪些表现？专宠的结果是什么？这些问题是饶有趣味的。

一、贵妃专宠

史书记载说自从杨玉环入宫后，唐玄宗就不再光顾其他妃嫔，整天与杨玉环厮守在一起，很快达到形影不离的地步。朝廷大典，百官饮宴，都要将她带在身边。成为贵妃后，受宠程度更深。玄宗数次前往华清宫，均要与贵妃同辇。在华清宫，玄宗专门为杨贵妃修建了端正楼，作为她的梳洗之所，又专门设置了莲花汤，作为她的沐浴之室。

据宋人乐史描述，杨贵妃的恩宠远远超过了武惠妃。主要表现在以下两点：

其一，唐玄宗初得杨玉环，抑制不住内心的欣喜之情，对宫人说："朕得杨贵妃，如得至宝也。"他把杨贵妃视为至宝，可见杨贵妃在

华清宫

他的心目中具有很高的地位。武惠妃虽然也长期受宠,但她始终没有获得过这样的殊荣。

其二,史书明确记载,惠妃死后,"后庭虽有良家子,无悦上目者,上心凄然。至是得贵妃,又宠甚于惠妃"[1]。由此可见,唐玄宗宠爱杨贵妃的程度是非常深的,远远超过了武惠妃。

那么,唐玄宗对杨贵妃的专宠表现在哪些方面呢?

首先,专宠速度快。杨贵妃入宫不到一年就宠冠后宫,礼数同于皇后,而武惠妃要等十二年。史载,杨玉环"不期岁,礼遇如惠妃"。可见她很快便在唐玄宗心目中取代了武惠妃的地位。

其次,专宠时间长。武惠妃专宠仅三年多,而杨贵妃仅一年就使"后宫莫得进"[2],这种情况持续了十多年时间。

再次,专宠程度深。史载杨妃专宠,"后宫莫得进"。从大量资料来看,这是事实。唐玄宗对其他妃嫔"无顾盼意"而独与贵妃形影不离,杨贵妃"与上行同辇,止同室,宴专席,寝专房"[3]。

由此可见,杨贵妃之专宠,超过了以往的任何妃嫔。

说到这里，大家想一想，杨贵妃为什么能够长期专宠呢？

从大量资料来看，当时之所以会出现杨贵妃专宠，是由多方面因素造成的。

首先，唐玄宗与杨贵妃彼此吸引，二人有共同的爱情基础。

唐玄宗是历史上著名的风流皇帝，不仅长得一表人才，而且才华横溢。在当时的专制体制内，他拥有多妻多妾的特权。既然如此，他为什么要专宠杨贵妃呢？这还得从他们的爱情观开始说起。

说到爱情，也许有的朋友会说，帝王有爱情吗？皇帝身边有那么多的女性，他今天宠爱这个，明天宠爱那个，觉得哪个年老色衰了，就把她打入冷宫。如果谁不如他的意，就把她贬为庶人，或者弃之如敝屣。在这种情况下，爱情从何谈起？

应当承认，皇帝在选择伴侣方面确实有特权，历史上贪色无情的皇帝屡见不鲜。从皇帝制度方面来讲，皇帝是一夫多妻的代表，后宫中妃嫔成群，似无爱情可言。但另一方面，皇帝也是有情感的人，也可能会产生爱情，我们不能排除这一点。

那么唐玄宗有没有爱情？如果有的话，他的爱情观是什么？

从有关资料来看，唐玄宗私生活比较放荡，但却很重感情，从成年到暮年，几乎离不开一个"情"字，可以说是位多情多欲的风流天子。他在开元年间曾深爱过武惠妃，天宝年间又深爱着杨贵妃。由此看来，身为天下至尊的唐玄宗也是有爱情的。

唐玄宗的爱情观是宠爱他爱的人，兼及其他妃嫔。这种情况在开元年间表现得尤为突出。到了天宝年间，他基本上仍是这种态度，但由于杨贵妃过于突出，以至于后宫佳丽三千都很难引起他的兴趣。

爱情从来不是一厢情愿的，而是双方乐意的事情。唐玄宗深爱着杨贵妃，杨贵妃也深爱着唐玄宗。杨贵妃的爱情观集中反映在她对唐玄宗的态度上，她不仅把唐玄宗视为人间的至尊，更把他看作自己心爱之人。她对玄宗之爱更多的是追求夫妻之情而非仅仅是妃嫔对帝王之情，把对天子的爱在一定程度上还原为对"人"的爱。

但作为一名女性，她没有唐玄宗那样的特权。在她看来，爱情是自私的，应当独占，而不能分享。因此，她无法容忍玄宗对其他妃嫔的宠爱，也不隐讳自己对皇帝的不满，这看上去是嫉妒，但实质上也是爱情的一种变态的表现。

杨贵妃敢于在玄宗面前发脾气，她不是纤弱含蓄的贵妇，而是大胆泼辣的美人，独具鲜明的个性。这也充分反映出杨贵妃对玄宗的感情是真正的爱情，是对玄宗本人的难以离弃，同时也是对这份情的无法割舍，而非仅仅是后宫妃嫔对帝王的依赖和争宠。

杨贵妃如此鲜明的爱情观之所以能在玄宗的生命中得以表现，与玄宗晚年的心态是紧密相关的。晚年的唐玄宗荒怠政事，贤者日疏，谀者日亲，诸王兄弟都已仙逝，更增加了这位重情之君内心的悲凉与寂寞。而杨贵妃恰好在此时此刻出现，正是应了唐玄宗的感情需求，填补了他感情上的空虚，充实了他晚年的精神生活。

爱情包括三个要素：体态的魅力，共同的旨趣，亲密的交流。唐玄宗与杨贵妃的爱情是在共同生活的土壤上培育起来的，这些因素在他们的爱情中起到了无可替代的作用。

当然，没有美貌，就没有玄宗蓄意的召见；没有美貌，就没有玄宗一见之下的喜不自禁；没有美貌，就没有玄宗最初的宠爱。所以，杨贵妃的美貌是先决条件。

杨贵妃天生丽质，倾国倾城，对唐玄宗有极大的吸引力。史载杨贵妃"鬓发腻理，纤秾中度，举止闲冶"[4]。她性格开朗，言行举止都富有魅力，特别是她的笑容，具有秒杀的功能。正如白居易描写的那样："回眸一笑百媚生，六宫粉黛无颜色。"她比唐玄宗的其他妃嫔显然高出一筹，所以在唐玄宗看来，她是最好的了。

她不只是容貌有吸引力,她的身体同样具有很强的吸引力。据说她在温泉中沐浴,"既出水,体弱力微,若不任罗绮",丰润如玉的肌肤和妩媚娇嫩的体态"光彩焕发,转动照人",唐玄宗对她越发迷恋了。

白居易的《长恨歌》生动细腻地描写了李杨的爱情故事。有学者认为,李杨爱情的发展经历了性爱、情爱、挚爱三个阶段。起初,玄宗主要是迷恋杨玉环的美貌。后来随着时间的推移,两人的感情迅速升温,并由外在的容貌之爱转变为内在的爱情。"承欢侍宴无闲暇,春从春游夜专夜。后宫佳丽三千人,三千宠爱在一身。"此处"三千"是说宫人非常多,并非实数。由于贵妃的受宠,杨氏一族也倍受玄宗赏识、垂青,更增加了杨贵妃对玄宗的感激之情,进而对玄宗更加倾心。最后,两人的爱情发展到挚爱阶段,其标志是七夕盟誓。七夕盟誓之事,展现了李杨爱情的升华之路。

其次,唐玄宗与杨贵妃有共同的爱好。他们都是艺术家,爱好音乐和舞蹈。

唐玄宗对杨贵妃的迷恋,不仅仅是因为她的美貌。玄宗后宫佳丽三千,容貌姣好者不计其数。但像杨贵妃这样既有出众美貌,又有杰出才能的妃嫔却是凤毛麟角。特别是唐玄宗和杨贵妃有共同的爱好。他们既有艺术家的素质与才艺,可谓歌舞知音,又有道教徒的虔诚和信仰,可谓崇道雅好。此外,他们的性格也颇有相似之处:玄宗豪爽、诙谐、乐观,贵妃率直、开朗、大胆。

再者,爱情是需要经营的。唐玄宗对杨贵妃恩爱有加,而杨贵妃为了专宠也采取了许多邀宠手段,不断提升自己的品位和魅力。

杨贵妃虽然天生丽质,拥有勾魂摄魄的双眸,端正婀娜的身姿,如花似玉的美颜,"举止闲冶",从容不迫,落落大方,但她并不满足于自己的自然之美,还崇尚时髦打扮,积极推行"天宝时世妆",

引领当时的时尚风潮。对此，唐玄宗是非常欣赏也非常支持的。史载玄宗在华清宫专门为杨贵妃建造了供她梳洗之用的端正楼。杨贵妃"繇是冶其容"，"以中上意"。[5]

杨贵妃的化妆技艺和驻颜术颇为高超。王仁裕《开元天宝遗事》记载说："贵妃每至夏月，常衣轻绡，使侍儿交扇鼓风，犹不解其热。每有汗出，红腻而多香，或拭之于巾帕之上，其色如桃红也。"这是一种什么样的化妆品呢？由于史书记载不详，我们无法知道它的成分，但很可能是一种高档胭脂。

杨贵妃本来就长得十分出众，再经过精心化妆，就显得更加妩媚动人了。正因为如此，唐玄宗常对人讲，杨贵妃是"解语花"，也就是会说话的名花。杨贵妃在化妆时特别注重画眉。唐代画眉样式繁多，唐玄宗曾在开元年间对眉式进行过总结和推广，令画工画出过著名的十眉图。所谓十眉，即鸳鸯眉（八字眉）、小山眉（远山眉）、五岳眉、三峰眉、垂珠眉、月棱眉（却月眉）、分梢眉、涵烟眉、拂云眉（横烟眉）、倒晕眉等。

十眉图是根据开元年间流行的眉式整理加工的，成为当时妇女画眉的范本。天宝年间盛行柳叶眉，其特点是眉式线条细长，宛如柳叶。玄宗和杨贵妃二人倾心于柳叶眉，描画柳叶眉施用青黛之色，玄宗尤善此道。他在《好时光》中就说："眉黛不须张敞画，天教入鬓长。"从刘禹锡《马嵬行》"共爱宿妆妍，君王画眉处"来看，这也许是唐玄宗为杨贵妃画柳叶眉的经验之谈。柳叶眉的盛极一时，也表明了盛唐"天宝时世妆"的眉式特点是"青黛点眉眉细长"。

除了面部化妆，杨贵妃还特别重视头部装饰。她喜欢戴义髻，簪步摇。

盛唐妇女崇尚的发式是高髻，将发髻梳高，遍插首饰。《新唐书·五行志》称为"义髻"（又可称为"假髻"）。宋人云："妇人则簪步摇钗，衿袖窄小。杨贵妃常以假鬓为首饰"[6]。《长恨歌》描写贵妃发式为"翠翘金雀玉搔头"，其特点是将头发梳松，发端插上扇形的发环，正中大，两边小，上饰金凤、珠翠等首饰，后佩孔雀翎，两鬓簪步摇。后人称之为"玉环髻"或"杨贵妃髻"。

步摇是一种上有垂珠的古代妇女鬓发修饰品，步行则摇动。盛唐步摇以金玉作饰。《长恨歌》说"云鬓花颜金步摇"。《杨太真外传》卷上铺叙道："上（玄宗）又自执丽水镇库紫磨金琢成步摇，至妆阁，亲与插鬓。"流行于天宝年间的时世妆，其中就有簪步摇，行步则摇动，尽显簪者之雍容气质。

唐代发式除了饰品豪华繁富之外，花样也别出心裁。当然这也要归功于杨贵妃引领时尚的能力。据王仁裕记载，玄宗曾"亲折一枝〔桃花〕插于妃子宝冠上，曰：'此个花尤能助娇态也。'"[7]宝冠上插花，叫花冠，髻上插花，又称簪花。当时长安贵妇竞簪名花，几与簪步摇同步流行。

当然，杨贵妃也非常注重自己的衣着。由于她的提倡，出现了"天宝时世妆"，其特点是"小头鞋履窄衣裳"。《新唐书·五行志》将这类有异于传统、式样新奇的服饰一概视为不祥之物，故把杨贵妃的簪步摇、戴义髻、着窄衣裳、好服黄裙也斥为"服妖"。

从有关资料来看，"天宝时世妆"主要有两方面的含义：一是对中原传统服饰的变革，如簪金步摇、描柳眉、施朱涂红、服黄裙、梳高髻等等；二是引进胡服，如胡衣、胡帽、窄衣裳、小头鞋履等等。其中，后者更易引起重夷夏之辨的"服妖"之诮。

史载："天宝初，贵族及士民好为胡服胡帽"[8]。妇女崇尚胡旋女那种窄小的衿袖和小头鞋履。杨贵妃擅长各种舞蹈，尤其是《胡旋舞》，所以她很可能就是穿小头鞋履。"天宝时世妆"的流行反映了唐玄宗、杨贵妃对传统审美观念的更新。

唐人元稹对"胡音胡骑与胡妆，五十年来竞纷泊"的胡化现象大加笔伐，但又不得不承认"女为胡妇学胡妆，伎进胡音务胡乐"的客观现实。[9]可见胡化在盛唐已经成为一种不可逆转的趋势，是盛唐不可阻挡的文化浪潮。这种胡化风气的传播应当归功于唐玄宗和杨贵妃在文化上兼容并蓄的开明态度。这种开放的氛围更加速了经济、文化的交流，使得域外的胡风、胡俗得以畅通无阻地进入大唐。

毋庸讳言，杨贵妃在引领时代潮流的同时也有追求奢侈的一面。她所穿的绫罗衣裙极其精巧，是由掖庭织锦院的七百名优秀织工特制的。她把玩的器物，除了玄宗恩赐的以外，还有大量从地方上进贡而来的。

但是奢侈之风是受物质生产条件制约的，当时的奢侈之风与社会生产力逐渐发展、经济逐渐加强的社会现实是密不可分的。唐文宗说："朕闻前时内库唯二锦袍，饰以金鸟，一袍玄宗幸温汤御之，一即与贵妃。当时贵重如此，如今奢靡，岂复贵之？料今富家往往皆有。"[10]从中可以看出，晚唐时期奢靡之风到此时尤甚。这是经济不断发展的必然结果，不能一味持批评的态度。

由于唐玄宗和杨贵妃崇尚道教，因而杨贵妃喜欢穿紫色和黄色的衣服。关于杨贵妃的服饰颜色，史载杨贵妃"好服黄裙"，喜欢"披紫绡"，而唐代妇女喜着红裙。

杨太真为女官时曾戴黄冠，专宠后又好服黄裙。为什么杨贵妃喜欢穿黄裙呢？因为李唐承汉代火运为土德，"衣服尚黄，旗帜尚赤，常服赭赤也。赭，黄色之多赤者"[11]。"智算警颖，迎意辄悟"的杨贵妃便领会其意，引领潮流而着黄裙，贵妃诸姐纷纷仿效，虢国夫人"衣黄罗帔衫"[12]。

此外，杨贵妃还喜欢佩戴香囊。香囊是将当时异域进奉的香料装入囊中而成，乃是当时的珍稀之物。天宝九载（750），玄宗驾幸华清宫，曾赐"香囊珍宝"等物与安禄山。将香囊和珍宝放在一起赐予宠臣，充分说明了当时香囊的珍贵。而贵妃身佩的香囊当然也是唐玄宗所赐。

二、七夕盟誓

白居易在《长恨歌》中说，"七月七日长生殿，夜半无人私语时。在天愿作比翼鸟，在地愿为连理枝"。这几句诗非常有名，它告诉了我们一件事，那就是唐玄宗和杨贵妃在七夕节的晚上曾经对天盟誓。其实这件事不光是白居易《长恨歌》里有描写，陈鸿的《长恨歌传》里也有描写。

七夕节是中国的情人节。道教认为七月七日是升仙的日子，而唐玄宗和杨贵妃崇信道教，他们希望自己能够长生不老，将来能够羽化登仙，所以他们在七月七日借这个情人节来发誓，这是有可能的。

关于杨玉环和唐玄宗盟誓的细节，文献中也有记载，说他们把卫士安排在东西两厢的殿中，半夜让卫士休息，他们来到神殿之前，唐玄宗的手扶在杨贵妃的肩膀上，两个人仰望天空，然后双双跪下对天盟誓。"在天愿作比翼鸟，在地愿为连理枝。"这就是他们的盟誓。陈鸿《长恨歌传》："天宝十载，……秋七月，牵牛织女相见之夕。"[13] 这些记载说明唐玄宗和杨贵妃曾经在七夕节时盟誓。这是杨贵妃后宫专宠的最好证明。

关于唐玄宗与杨贵妃海誓山盟的具体年代，史书上没有记载。从有关资料分析，很可能是在天宝十载（751）。因为天宝九载冬幸华清宫，杨贵妃比从前更为玄宗所宠爱。李杨欲作寻常夫妻，故次年七夕盟誓似乎合情合理。

至于盟誓的地点，白居易在《长恨歌》中说是长生殿。长生殿在什么地方？一般认为，所谓长生殿，就是帝王的寝殿。以长生殿作为寝殿最早见于《资治通鉴》武周长安四年（704）十二月条："太后寝疾,居长生院"。胡三省注云:"长生院,即长生殿,明年(神龙元年,705)五王诛二张,进至太后所寝长生殿,同此处也。……此武后寝疾之长生殿,洛阳宫寝殿也。"并且说《长恨歌》中的长生殿是华清宫的寝殿。

其实,在唐玄宗开元年间,无论长安兴庆宫还是骊山温泉宫的寝殿,都没有被称作长生殿的记载。《旧唐书·玄宗本纪》记载天宝元年(742)新成长生殿名曰集灵台,以祀天神。《旧唐书·礼仪志》也有类似记载。按照此记载,似乎长生殿即是集灵台。《类编长安志》卷九载:"长生殿:按《实录》,天宝元年新作乃斋殿也,有事于朝元阁,即斋沐于此殿。"《长安志》《雍录》也认为长生殿是斋殿。《唐会要》记载,"天宝元年十月,造长生殿,名为集灵台,以祀神",与《旧唐书》一致。但是,有人认为长生殿是斋殿,而华清宫的寝殿是飞霜殿。也有人认为长生殿不是斋殿,而只能是寝殿。

为了弄清这些问题,我们还要说说集灵台。集灵台是玄宗祭祀天神的神殿。《旧唐书·礼仪志》记载:"玄宗御极多年,尚长生轻举之术。于大同殿立真仙之像,每中夜夙兴,焚香顶礼。"寝殿要临近神殿,才便于夜间礼道。天宝元年,增建骊山温泉宫,其中可能就有长生殿或者称集灵台。

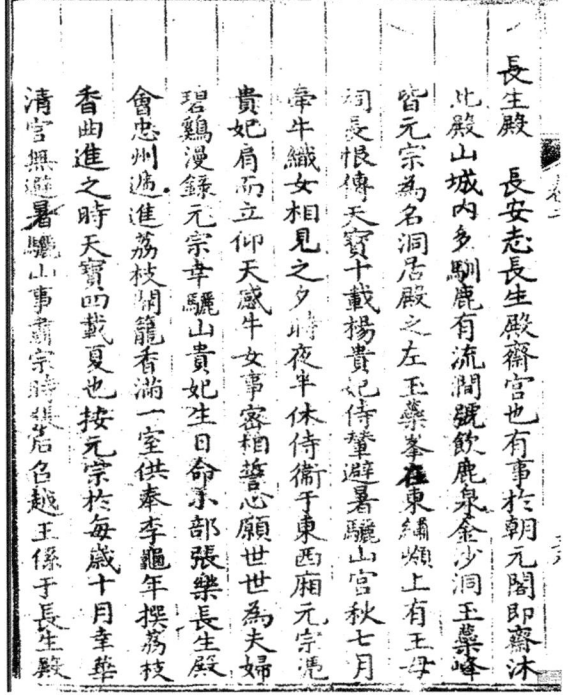

文献对长生殿的记载

胡三省根据《长恨歌》推断华清宫的长生殿是寝殿，而《旧唐书》说长生殿是集灵台。事实上，这两种观点都有片面性。究其原因，可能是没有考虑到骊宫内神殿与寝殿的建置模式是仿照兴庆宫而来的。

从天宝元年（742）至天宝六载（747），唐玄宗与杨贵妃每次游骊山都住在长生殿，并到集灵台祭祀。后来扩建宫殿，在长生殿北面建成老君殿。老君殿之北为朝元阁，相传老君降于此，故改为降圣阁。王谠《唐语林》中记载说："朝元阁在北岭之上，最为崇绝。次南即长生殿。殿东南，汤泉凡一十八所。"这样就形成了一个围绕长生殿呈南北发散的新建筑群。

朝元阁是北岭最高峰，王建《温泉宫行》有"朝元阁向山上起"的诗句。朝元阁的启用，意味着集灵台的消失。新的神殿取代了旧的神殿，集灵台并入了长生殿，长生殿就成为单独的寝殿了。

这一时期玄宗逐渐安于现状，出现了"武皇一夕梦不觉""日光斜照集灵台"的情况，所以也不会有"中夜夙兴，焚香顶礼"的习惯了。自此以后，唐玄宗和杨贵妃每年游幸华清宫都有去朝元阁的计划，他们的礼道生活与朝元阁紧密联系在一起。"那胜妃子朝元阁"，张祜说的正是杨贵妃在朝元阁礼道的情景。"朝元阁迥羽衣新，首按昭阳第一人。"李商隐这句诗则说明杨贵妃是以女道士的身份去祭祀的。

天宝后期，杨贵妃"好服黄裙"，女道士戴黄冠，穿黄袍，朝廷敕令中往往以"黄"作为道士代称。这从侧面说明杨贵妃崇道从穿道服到虔诚的礼道，都不失为表率。

唐玄宗在位四十四年，多次行幸骊宫，但是从来没有夏天的记载。这就出现了一个问题，既然夏天没有去过骊宫，那为什么白居易的诗中会写到七月七日呢？其实这个日期从多方面都能解释得通。

第一，如果真的是七月七日，则从上述解释中可以得出不可能在华清宫,而应该在长安寝殿,玄宗与贵妃度七夕节,"因仰天感牛女事,密相誓心,愿世世为夫妇"。

第二,从文学的角度理解,那就应该有隐喻的含义了。道书《列仙传》中有一篇《王子乔传》,说王子乔是周灵王太子,年轻好道,有一天告诉一个朋友"告我家:七月七日待我于缑氏山巅",然后在那一天升仙而去,故后加号为"升仙太子"。从这方面来理解,七月七日的含义就又与道教升仙联系在了一起。

那么,唐玄宗与杨贵妃到底有没有七月七日的缑山之期呢?我们看玄宗所颁的《敕冀州刺史原复边仙观修斋诏》就会明白。"朕承唐运,远袭元(玄)元,载宏道流,遂有灵应。……辽海虽别于千年,缑山复期于七日"[14]。从这段材料可以看出,玄宗是相信缑山之说的。

七月七日作为升仙的隐喻,是白居易对玄宗求仙心态的表达。自天宝以来,玄宗也多次表现出"朕志求道要,缅想真仙"的意向,多次流露出羽化登仙的希望。《杨太真外传》中有一段记载:"〔上皇〕悲悼妃子,无日无之。遂辟谷服气……"而辟谷和服气都是道教养生求仙的道术。

由此看来,《长恨歌传》描述的李杨七夕盟誓之事,以及《长恨歌》篇末的传神佳句,都是融入了道教绚丽色彩的别开生面的浪漫主义大手笔,也是对真挚爱情的歌颂。由于马嵬惊变,"愿为连理枝"的愿望夭折了,那只能"愿作比翼鸟"了。充当太真仙子信使的方士还说"但令心似金钿坚,天上人间会相见",这样就可以实现"在天愿作比翼鸟"的夙愿了。

总之,在天宝年间,唐玄宗与杨贵妃在大唐帝国的历史舞台上演出了一场轰轰烈烈的爱情戏。杨贵妃以她倾国倾城的美貌、举止闲冶的气质和绝世无双的魅力,吸引了风流天子唐玄宗。唐玄宗专宠杨贵妃,使她"行同辇,止同室,宴专席,寝专房",成为天下最受宠爱的女人。但是，看似美满的婚姻也会有不和谐的音符。在杨贵妃专宠的日子里，就曾出现过两次出宫风波。唐玄宗与杨贵妃如此相爱，怎么还会有出宫风波呢？

注释

[1]《杨太真外传》卷上。
[2]《资治通鉴》卷二一五，玄宗天宝五载七月条。
[3]《太平广记》卷四八六。
[4]《太平广记》卷四八六。
[5]《文苑英华》卷七九四。
[6]《新唐书》卷三四《五行志》。
[7]《开元天宝遗事》卷上。
[8]《新唐书》卷三四《五行志》。
[9]《全唐诗》卷四一九。
[10]《旧唐书》卷一七三《郑朗传》。
[11]《唐语林》卷五。
[12]《明皇杂录》卷下。
[13]《太平广记》卷四八六。
[14]《全唐文》卷三二。

第六讲　出宫风波

　　唐代大诗人白居易在他的名篇《长恨歌》中写道："后宫佳丽三千人，三千宠爱在一身。"从这脍炙人口的诗句中我们可以看出唐玄宗对杨贵妃是多么宠爱。但是如此受宠的杨贵妃却也曾两度被唐玄宗赶出宫去。杨贵妃究竟犯了什么错误，会惹得唐玄宗大发雷霆？虽然杨贵妃拥有羞花之貌，倾国倾城，但是后宫佳丽三千，唐玄宗身边美女如云，难道会有人与杨贵妃争宠吗？这个人会是谁？她与杨贵妃被贬出宫有关吗？

杨玉环被立为贵妃后,在唐玄宗身边生活了三千九百五十二天,即十年九个月零二十四天。在这十多年时间中,两人的关系一直很好。然而,关系再好也会有矛盾和冲突。唐玄宗与杨贵妃之间就曾发生过两次冲突,甚至闹出了两次出宫风波。在唐代,妃嫔有过皆在宫中处置,要么打入冷宫,要么废为庶人,要么下令自裁。遣而复入者鲜有其事。而唐玄宗却对杨贵妃打破惯例,两次让她出宫。这究竟是怎么回事呢?

一、初次出宫

关于第一次出宫的情形,《旧唐书·杨贵妃传》载:"五载七月,贵妃以微谴送归"。意思是说,天宝五载(746)七月,杨贵妃因犯了小错被遣送出宫。后来的《新唐书·杨贵妃传》则云:"它日,妃以谴还"。没有讲因何而出宫。两《唐书》的记载虽然有所不同,但都确定了天宝五载七月确实发生了杨贵妃被遣出宫的事实。

杨贵妃自入宫之后,深受唐玄宗宠爱。天宝五载七月究竟是什么事令唐玄宗大动肝火,要将他深爱的女人遣送出宫呢?对于这个问题,史书记载并不一致。《资治通鉴》卷二一五天宝五载七月条亦云:"妃以妒悍不逊,上怒,命送归"。所谓"妒悍不逊",就是说她争风吃醋,出言不逊,引起了唐玄宗的不满,于是将她遣送出宫。

什么是"妒悍"？妒，就是嫉妒，嫉妒别的女人；悍，就是有点耍泼。用我们现在的话来说，就像泼妇一样吃醋耍泼。唐玄宗受不了，忍无可忍，就把她赶出宫去了。那么，这究竟是怎么回事呢？

说到妒悍，这在中国古代并不是什么新鲜事。唐朝虽然是一个开放型的社会，也曾出现过不少妒妇。所谓妒妇，是指那些因丈夫纳妾嫖妓而心生妒忌的妇女。古人对妒妇往往持贬抑态度，说她们为了男女风月而争风吃醋，情绪怨怒，不择手段，是凶残的女性。事实上，妒妇的所作所为，常常是为了捍卫自己的爱情和婚姻，因而也有其合理的成分。这种情况从唐代一些妒妇的表现中就可以看得非常清楚。

我们都听说过"吃醋"这个词，也常说某某人"爱吃醋"。吃醋这个典故就出自唐朝。唐人韩琬在《御史台记》中记载："管国公任瑰酷怕妻，太宗以功赐二侍子，瑰拜谢，不敢以归。太宗召其妻赐酒，谓之曰：'妇人妒忌，合当七出。若能改行无妒，则无饮此酒。不尔，可饮之。'曰：'妾不能改妒，请饮酒。'遂饮之。比醉归，与其家死诀，其实非鸩也。"[1]

刘餗在《隋唐嘉话》中也有类似的记载："梁公（房玄龄）夫人至妒，太宗将赐公美人，屡辞不受。帝乃令皇后召夫人，告以媵妾之流，今有常制，且司空年暮，帝欲有所优诏之意。夫人执心不回。帝乃令谓之曰：'若宁不妒而生，宁妒而死？'曰：'妾宁妒而死。'乃遣酌卮酒与之，曰：'若然，可饮此鸩。'一举便尽，无所留难。帝曰：'我尚畏见，何况于玄龄！'"其实，房玄龄的夫人喝的不是毒酒，而是醋。

在生与死的抉择面前，任瑰之妻和房玄龄的夫人毫不犹豫地选择了"宁妒而死"，举起杯子，一饮而尽，表现出视死如归的气概，连皇帝也无可奈何。这种举动现在看来有些不可思议，但如果考察一下这两对夫妻的经历就不难理解了。

任瑰夫妇是在微贱时走到一起的结发夫妻。二人同心同德，相互辅翼，才取得荣华富贵。因此，任瑰的妻子说："瑰今多内嬖，诚不如死。"[2]

　　房玄龄的妻子也非常重视她与房玄龄之间的感情。据说"玄龄微时，病且死，诿曰：'吾病革，君年少，不可寡居，善事后人。'卢泣入帷中，剔一目示玄龄，明无它。会玄龄良愈，礼之终身"[3]。

　　由此可见，妒是爱的极端表现形式，妻子对丈夫爱得越深沉，反对其纳妾的态度也就越坚决。从某种意义上讲，妒有妒的理由，它是妒妇对忠贞爱情的一种追求。

　　那么，杨贵妃的妒悍是怎么回事呢？杨贵妃是"回眸一笑百媚生"的大美人，难道当时还有其他美人受到唐玄宗的青睐，以至于引起杨贵妃的不安与妒忌？

　　杨贵妃与唐玄宗结合后，受到唐玄宗的精心呵护，虽然两人相差三十四岁，但很快擦出了爱情的火花。唐玄宗对她的专宠和顺从，使她形成了对唐玄宗的依赖，同时也助长了她的任性。她要独占唐玄宗的爱情，不允许别人与她分享。而唐玄宗的想法则与她有所不同。

　　当年武惠妃死后，唐玄宗精神空虚，故在得到杨贵妃后对她百依百顺，实行专宠。从开元二十八年（740）十月到天宝五载七月，六年时间过去了，唐玄宗虽然依旧宠爱杨贵妃，但他也会有行使皇帝特权、接触其他女性的想法。因为除杨贵妃外，当时宫中还有很多妃嫔，她们也渴望得到唐玄宗的宠幸。这样，两人势必会发生摩擦。

　　可以想象，唐玄宗要去宠幸别的女人，杨贵妃妒火中烧，必然要发泄不满。结果，弄得唐玄宗颇为尴尬，恼羞成怒，于是下令将杨贵妃赶出宫去。

　　如果杨贵妃果真是因妒悍被逐出宫，那她所妒的人是谁呢？

　　关于杨贵妃所妒之人，史籍上没有留下具体的记载。后世猎奇者对这类风流韵事进行过一些猜测。有人说与杨贵妃争宠而引起她忌妒的人是她的姐姐虢国夫人,有人说是唐玄宗曾经爱过的梅妃。究竟哪种说法比较可靠呢?我们不妨对此做一分析。

我们先来看虢国夫人。虢国夫人是杨贵妃的二姐,因其丈夫姓裴,故史书上称之为裴氏。在杨贵妃的三个姐姐中,此人长得最有姿色,也最为活跃。尤其是她失去了丈夫,寡居在家,行为比较轻佻。故有学者怀疑天宝五载出宫风波是由于唐玄宗与贵妃姐姐裴氏调情而引起的。因二人调情,杨贵妃发觉后,醋劲大发,冲撞了唐玄宗。事情的真相是否如此呢?有学者认为,这种说法不可信。理由是,虢国夫人虽可入宫,但毕竟属于外人。在一般情况下,她都是在太真妃的伴随下朝见玄宗的。如果裴氏入宫,避开其妹,单独朝见玄宗,那是不可能的。天宝四载(745)八月册封贵妃后,情况也是如此。

虢国夫人游春图

事实上,虢国夫人入宫未必需要杨贵妃陪同。唐人张祜诗云:"虢国夫人承主恩,平明骑马入宫门。却嫌脂粉污颜色,淡扫蛾眉朝至尊。"[4]可见虢国夫人因受唐玄宗的宠爱,有独自入宫的特权。

天宝四载冬天,贵妃三个姐姐以及从兄杨钊陪同唐玄宗到了骊山,在温泉宫住了六十一天。在此期间,唐玄宗举行家宴,款待诸杨,舞乐欢闹,与虢国夫人接触的机会比以前更多了。虢国夫人在温泉沐

比謝女嘗淡粧雅服而姿態明秀纖穠中度性喜梅所居欄檻悉植數株上牓曰梅亭梅開賦賞夜分尚顧花下不能去上以所好戲名曰梅妃有蕭蘭梨園諸王戲曰此梅精吹玉笛作驚鴻舞一光輝令鬬茶又勝矣妃應聲曰草木之戲誤勝陛下誤使調和四海烹飪鼎鼐萬乘自有憲法賤妾何能校勝負也上大悅會楊妃得寵頗忌之遂遷於上陽東宮作東樓賦以寓意已而上在藂萼樓命封珍珠賜妃

梅花鳳笛玻瓈盃剪刀綺窻等賦上嘗與妃鬬茶顧

浴之后，显得更为妖艳。唐玄宗被虢国夫人所吸引，甚至想晚上微服前往她的住所。在这种情况下，不能排除唐玄宗与虢国夫人有调情的可能性。至于回到长安以后，虢国夫人也有见到唐玄宗的机会。

如果唐玄宗与虢国夫人之间真的发生了风流韵事，杨贵妃心里肯定会不高兴。尽管虢国夫人是她的姐姐，她也是会吃醋的。但从后来杨贵妃与虢国夫人的关系来看，似乎杨贵妃此次出宫并不是因为虢国夫人。因为如果杨贵妃因虢国夫人而被赶出宫去，那她对虢国夫人一定非常痛恨，但事实并非如此，说明杨贵妃所妒之人不是虢国夫人。

杨贵妃妒忌的不是虢国夫人，那是不是梅妃呢？

相传在后宫无主的情况下，唐玄宗一度喜欢过梅妃。

有一部《梅妃传》，相传是唐人曹邺所作，对梅妃有比较详细的记载。据《梅妃传》记载，梅妃姓江，是福建莆田人，父亲名叫江仲逊，世代行医。梅妃九岁时就能背诵《诗经》中的"二南"，她父亲很高兴，给她取名叫采蘋。唐玄宗开元年间，高力士出使福建、广东，见她年轻貌美，就将她带回京师，选入宫中。她侍候玄宗，大见宠幸，被册为妃。她善诗赋，尤其喜欢梅花，在所居阑槛之外，遍植梅树，旁边还修了一个亭，叫"梅亭"。唐玄宗以其所爱，戏称她为"梅妃"。

梅妃生在南方，因为当时的南方人比较喜欢饮茶，唐玄宗在当时也喝茶，所以他们就在宫中玩斗茶的游戏。结果，唐玄宗斗之不胜，也就是说梅妃赢了，唐玄宗就很高兴地跟大臣们说"此乃梅精也"。也就是说，唐玄宗一度比较喜欢梅妃。但是由于唐玄宗后来进入更年期，情绪不稳定，而江妃，也就是梅妃，过于淡雅，她的一些作为并不为唐玄宗所喜。

比如，唐玄宗非常喜爱他的兄弟，为了表示与自己的兄弟亲密无间，他经常和他的哥哥、弟弟们在一块儿宴乐。每当全国各地进贡的土特产尤其是新鲜的水果送到京城之后，他都要分发给兄弟。据说

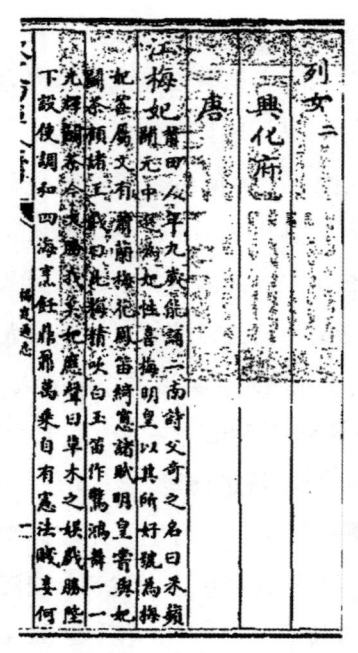

《福建通志》对梅妃的记载　　　　　梅妃像

有一次唐玄宗带着梅妃把新进贡的橙子分发给他的兄弟,当来到大哥宁王家的时候,唐玄宗很高兴,在座上不由得就风流起来,他用脚踩了一下梅妃的小鞋。这个时候梅妃很不高兴,说你这皇帝怎么这么不庄重啊!然后她就离席而去了,唐玄宗叫人去找她。梅妃说:刚才我鞋上的珠子掉了,等我缀好之后再过去。等了半天还是不来,于是唐玄宗亲自去找她。梅妃就捂着胸脯说:我胸疾发作不能去了。实际上,她是觉得唐玄宗太轻佻,在他的兄弟面前没有一个当皇帝的样子。她是想以此进谏,但这种做法使唐玄宗很不高兴。

梅妃事迹在两《唐书》中没有记载。因正史对梅妃未作记载,有学者认为梅妃史无其人,《梅妃传》是后人的伪作。其理由有三:

一是从《梅妃传》来看,梅妃曾"大见宠幸",后与杨贵妃相嫉。杨妃"忌而智",梅妃"性柔缓","亡以胜"。若果真有此事,不可能不在史籍中留下蛛丝马迹。

二是《梅妃传》罗列事迹所构成的情节，经不起史实的检验。首先，高力士没有出使过闽粤，也就谈不到选梅妃的事。其次，从时间来看，开元中得宠的只有武惠妃。如果梅妃也同时得宠，势必与武惠妃相妒，但是史书中却无一点踪迹。再次，武惠妃死后玄宗丧魂失魄，感情上极度空虚。如果真有一个"姿态明秀，笔不可描画"的梅妃，唐玄宗何以如此失常，又何以"潜搜"寿王妃杨氏呢？此外，《梅妃传》说杨贵妃将梅妃称为"梅精"，而梅妃则将杨贵妃骂作"肥婢"。唐人以胖为美，梅妃怎么能骂她是肥婢呢。到了宋代以瘦为美，才有可能使用"肥婢"这样的词骂人。

三是唐代和宋代著名的书志总目均未著录《梅妃传》。到南宋宁宗嘉定年间（1208—1224），在一本名叫《莆阳比事》的笔记中载有"梅妃入侍"条，作为地方名媛扬名，与现存的《梅妃传》相差无几。据此，推断《梅妃传》是南宋人的作品。[5]

这种推论看起来好像有一定道理，但实际上缺乏应有的说服力。唐玄宗宠幸过的妃子绝不限于武惠妃和杨贵妃。他有三十个儿子、三十个女儿，这些儿女中，只有极少数是武惠妃生的。这说明唐玄宗在宠爱武惠妃时，还与不少妃嫔保持着密切的关系，否则上述情况是无法解释的。

武惠妃死后，唐玄宗进入更年期，生理和心理状况都发生了很大变化。在这种情况下，以吟诗作赋、孤芳自赏而著称的梅妃自然不能引起他的兴趣。再说帝王宠幸过的妃子未必都能载入史册，不能因为正史中对梅妃没有记载，就断定她不存在。《梅妃传》非史家所作，其行文或欠严谨，但不能因此就轻易断定它是伪作。

事实上，唐宋以来文献中提到梅妃的地方不少。清代学者在编纂《全唐诗》《全唐文》时，就对梅妃有所介绍。《全唐诗》卷五、

《全唐诗》卷九十八均有梅妃小传，并收录了她的诗赋，《全唐诗》卷三还收录了唐玄宗所作的《题梅妃画真》。如果梅妃史无其人，后人为什么要杜撰她呢？

杨贵妃入宫后，梅妃相形见绌，很快被玄宗冷落。因此，梅妃忌恨杨贵妃，而杨贵妃也妒忌梅妃，怕梅妃与她争宠。于是二人之间产生了矛盾，见了面不打招呼，甚至绕道而行。

据《梅妃传》记载，杨贵妃入宫后，梅妃的好日子就走到了尽头："会太真杨氏入侍，宠爱日夺，上无疏意。而二人相疾，……后竟为杨氏迁于上阳东宫。后上忆妃，夜遣小黄门灭烛，密以戏马召妃至翠华西阁，叙旧爱，悲不自胜。"

说的是有一天晚上，杨贵妃喝醉了酒，迷迷糊糊睡去。唐玄宗想起了梅妃，就让人把她叫到翠华西阁侍寝。梅妃见到玄宗，悲喜交加，玄宗感念旧情，与她重归于好。故事到这还没完。

杨贵妃一夜清梦，醒来后发现自己不在玄宗身边。以女人的直觉，她意识到玄宗可能会召见梅妃，便立即奔向玄宗的寝宫。小宦官远远看见贵妃到来，连忙向玄宗通报。玄宗知道贵妃来者不善，赶紧将梅妃藏在隔壁帐后。

进入翠华西阁，杨贵妃见玄宗一人躺在床上，床下有女人的鞋子，床头还有女人的首饰，顿时妒火中烧，大声问道："梅精安在？"

玄宗故作镇静，回答说："她没来过。"

贵妃知道玄宗撒谎，步步紧逼："没来过？好吧，你叫她来，我今天想与她一起去洗澡。"

玄宗说："自将她打入冷宫就再未联系，何必找她。"

贵妃见玄宗拒不承认，指着地上的女鞋说："晚上是何人侍寝，使陛下这么晚还没有起床？大臣们都入朝了，请陛下快点起床听政。"

玄宗非常生气，说："朕今日身体不适，不能理朝。"

杨贵妃听罢,无可奈何,一甩袖子走了。

贵妃走后,玄宗忙喊梅妃,侍女说梅妃早已从便道回冷宫去了。

玄宗有些伤心,闷闷不乐,就叫人把梅妃的鞋和首饰送了回去。

过了几天,沉闷的后宫忽然热闹起来。梅妃以为是给她送梅花的使者来了,结果一打听,原来是给杨贵妃送荔枝的使者到了。梅妃悲从中来,潸然泪下。

梅妃想来想去,很不甘心。在高力士过生日的时候,她给高力士送去千金重礼,让高力士给她请一位作赋高手,像司马相如写《长门赋》那样,为她写一篇最好的赋,想以此来打动玄宗,使他回心转意。

然而,高力士却说"无人解赋",意思是现在没有人懂赋,一句话就把她打发了。梅妃没有办法,只好自己动手,写了一篇《楼东赋》。在这篇赋中,她表达了对杨贵妃的极度不满:"奈何嫉色庸庸,妒气冲冲,夺我之爱幸,斥我于幽宫。思旧欢之莫得,想梦著乎朦胧。"

唐玄宗看到《楼东赋》发了恻隐之心,觉得对不住梅妃。恰在此时,西方有个国家给他进贡了一斛宝珠,他就把这些宝珠全部赏给梅妃,算是对梅妃的一点安慰。

但他没有想到梅妃并不领情,把宝珠全部退了回去,并附诗一首:"柳叶双眉久不描,残妆和泪污红绡。长门尽日无梳洗,何必珍珠慰寂寥。"[6]玄宗看罢,让人谱曲传唱,定名《一斛珠》。

杨贵妃听到宫中传唱《一斛珠》,大为光火。她再次到玄宗面前论理,且出言不逊。

玄宗爱贵妃,在对梅妃这件事上一直忍着。现在他忍无可忍,终于发了脾气,下令把杨贵妃逐出宫去。

于是,就出现了第一次出宫风波。

梅妃颇有才气,在玄宗众妃中算是比较突出的,但她清瘦孤高,并不是那种善解人意、会讨人喜欢的人。在杨贵妃入宫前,她可能曾得到过唐玄宗的宠幸。杨贵妃受宠后,她感到很失落,便发挥自己的长项,吟诗作赋,希望引起唐玄宗的注意。而唐玄宗在看了她的诗文后召见她,偶尔宠幸一下也是情理之中的事。

当然,杨贵妃被唐玄宗宠惯了,她是不能容忍梅妃夺爱的。所以文献中描述的因唐玄宗宠幸梅妃而引起杨贵妃妒悍是很自然的事。因为梅妃一旦得宠,杨贵妃就会失去专宠的地位。

由于杨贵妃妒悍不逊,触犯了唐玄宗的权威,引起了他的不满,因此才发生了杨贵妃被遣出宫的事。按照唐代的法律,所谓不逊,即大不敬。要是一般妃嫔如此不逊,早已严刑处置,而对杨贵妃只以"送归"外第了事。正如《旧唐书》说的"微谴",也就是重重的罪过仅做了轻轻的发落,下手是极其留情的。

关于第一次出宫的经过,文献记载比较简单,贵妃被送走后,高力士提议将贵妃院里的"供帐、器玩、廪饩等"尽数装车送给杨贵妃。玄宗命"分御馔以送之"。力士又"奏请迎贵妃归院",玄宗乃令召回。"是夜,开安兴里门入内。"[7] 从这些记载来看,这次出宫事件很滑稽,就像一场令人啼笑皆非的闹剧。

杨贵妃出宫后,去了什么地方呢?

《旧唐书》载"送归杨铦宅",《新唐书》简略为"还铦第"。《资治通鉴》也说"命送归兄铦之第"。也就是说,杨贵妃被送到了杨铦的府第。

为什么要去杨铦家?因为杨贵妃的父母亲和养父母都已经去世了,叔父杨玄珪虽然健在,但非生父,只有杨铦与她的血缘关系最近。杨铦是杨玄琰之子,换句话说,是杨贵妃的亲哥哥。早年杨玄琰死后,杨玉环被叔父杨玄璬领养,而杨玄琰这一家则由杨铦充当家长。杨贵妃得宠以后,杨铦也成为长安的新贵。由于杨铦是杨贵妃娘家的亲人,杨贵妃与杨铦的关系也比较密切,因此,杨贵妃出宫后回到了杨铦的

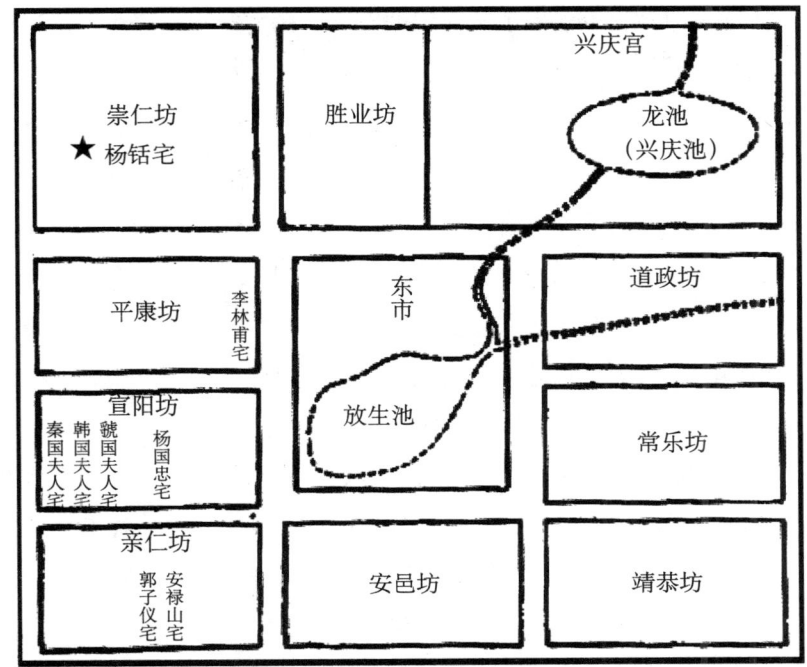

杨铦宅方位示意图

府第。

杨铦宅位于长安城的崇仁坊,该坊东连胜业坊,距兴庆宫不远。故杨贵妃乘车出宫后不久,就到了杨铦家。由于杨铦事先未得风声,看到贵妃被突然遣归,自然会感到惊恐不安。杨氏五宅毗连,贵妃被遣回家的消息很快在杨氏家族中引起极大震动。合府上下,乱作一团,不知如何是好。

起初,杨贵妃还没有回过神来。当她看到杨家上下乱作一团,才意识到问题的严重性。出宫意味着什么?意味着玄宗把她休了,意味着她与玄宗离婚,意味着从此以后她就不能再回到玄宗身边,她的贵妃生涯宣告结束了。对此,她怎么能够接受呢?所以,她开始后怕,开始悔恨,悔自己不该如此任性。

像杨贵妃这样美貌与智慧并存的奇女子也难逃一个"妒"字,

而她的这一把妒火也点燃了唐玄宗的怒火。杨贵妃被贬出宫后该怎么办？杨贵妃被送走后，唐玄宗在做什么？他真的就开心了吗？拥有三千佳丽的皇帝发遣一个妃嫔根本算不了什么大事。唐玄宗以前有过多次类似的做法，事后都无动于衷。但这次不同了，他不仅不高兴，而且遭受着极大的精神折磨。

自从开元二十八年冬天见到杨玉环后，唐玄宗空虚的心灵得到了慰藉。几年来，他得到了很多欢乐，似乎变得富有人情味了，经受了更年期的折磨已经几近枯萎的他，似乎又焕发了青春。然而现在杨贵妃突然离开他，使他茫然若有所失。

史书记载说，在把杨贵妃赶出宫后，唐玄宗表现出极为反常的情绪：心神不宁，急躁暴怒。"是日，上不怿，比日中，犹未食，左右动不称旨，横被棰挞。"[8] "是日"指杨贵妃被送归杨铦宅的那天，"上不怿"是说玄宗一副不高兴的样子。到了中午，他连饭都不吃，感到什么都不称心。那些服侍他的内监也因此倒霉，他们成了皇帝的出气筒，动不动就挨打受骂。

这种情况说明什么？说明唐玄宗把杨贵妃赶出宫是一怒之下做出的决定。唐玄宗在精神非常空虚的时候好不容易得到了杨贵妃，现在杨贵妃出宫去了，他怎么办呢？他今后怎么办呢？有一句诗说"曾经沧海难为水，除却巫山不是云"。他已经得到了像杨贵妃这样和他志同道合的知音，现在却失去了，以后还能遇到这样的人吗？他心中当然会感到焦虑不安，这是可想而知的，所以他才会有这样反常的表现。

唐玄宗把杨贵妃遣送出宫后非常痛苦。回顾九年前武惠妃之死使他遭受的感情上的打击，似乎还没有这么痛苦。这次为什么会如此痛苦，表现如此异常呢？因为他从心底里迷恋杨贵妃，已经习惯了有她"行同辇，止同室，宴专席，寝专房"的生活，如今突然离异，就面临着一场新的感情空虚，那留恋忆旧之情自然就显得更加强烈了。

他也后悔，悔不该在气头上做出这样的决定。

既然唐玄宗思念杨贵妃，为什么不直接吐露心声，下旨将她召回呢？因为出宫是他下的命令，如果主动下令召回，岂非出尔反尔？怎能取信于人？但是若坚守前旨，又使自己在感情上受到折磨。因此，唐玄宗陷入了不能自拔的困境，昔日乐观诙谐的情趣没有了，以至茶饭不思，暴怒打人。

显然，唐玄宗并非真心要让杨贵妃出宫，只是一气之下临时做出的一个决定，只不过是想给贵妃点颜色看罢了。对于唐玄宗的异常表现，宦官高力士看在眼里急在心上。他对这一事件的来龙去脉是十分清楚的，因此积极寻找解决的办法。

高力士最会揣摩唐玄宗的心思，他知道玄宗不是真心要把贵妃赶出去的。但是赶贵妃出宫这个命令是他亲口下的，他是一个好面子的人，不可能亲自下诏把贵妃再召回来。高力士琢磨了半天，带着试探的口气对玄宗说，贵妃回去了，她那些东西还在宫中，干脆将贵妃院里的"供帐、器玩、廪饩等"尽数装车，送到杨铦的宅第去。"供帐"就是衣物及床上用品，"器玩"即各种摆设和器物，至于"廪饩"，则是朝廷供应的生活用品。这样做的目的无非是缓和紧张的气氛，表示玄宗仍在关心贵妃的生活起居。

精明的唐玄宗一眼就看出了高力士的用意，不仅答应了高力士的请求，还决定"分御馔以送之"。他说，那好吧，送过去，把御馔也分一半送去，赏赐给贵妃。高力士急急忙忙派人把贵妃宫里的东西一一装车，装了一百多车，从兴庆宫里拉到了杨铦的家里。杨贵妃又惧又喜。她开始很害怕，觉得把东西都拉回来了，这下完了。后来一看，还有皇帝赐给她的食品，让她吃饭。她知道皇帝还没有忘记她，情绪才慢慢地安定了下来。显然，分御馔比送器物更能体现思念的心意，实际上传递了要召贵妃回宫的信息。

杨家人一开始看到器物，也以为唐玄宗真的要将杨贵妃扫地出门了，怕得要死。后来看到玄宗赏给贵妃的御馔，悬在半空的心才放了下来。于是，惊惶万状的杨家顿时又充满了欢乐与希望。

在安抚了杨贵妃之后，高力士向唐玄宗汇报了贵妃在家思念玄宗的情况，然后趁热打铁，又"奏请迎贵妃归院"，也就是请求唐玄宗把杨贵妃接回宫来。这完全说到了玄宗的心坎上，玄宗早已等急了，只是碍于面子，不好开口。既然高力士已经奏请，他就顺水推舟马上答应。这名义上是采纳臣下的意见，做得十分得体。

据《资治通鉴》记载，就在当天夜里，唐玄宗下令打开禁门，迎杨贵妃回宫。这里所说的禁门，是指兴庆宫的宫门。按照唐朝的制度，禁门由禁军守护，每天早晚以击鼓报时为号，按时启闭。唐代宵禁极严，禁门以及其他坊门、市门关闭之后是不准随便开放的。这次贵妃从禁门入宫，算是破例行事。

从杨铦宅所在的崇仁坊到兴庆宫，须开坊门及宫门。玄宗居然准许为迎贵妃而夜开禁门与坊门，一路上都由禁军护送。这在唐朝历史上是绝无仅有的事，充分地反映了唐玄宗迫不及待的心情。

杨贵妃重新回到内宫，见到玄宗，"伏地谢罪"。玄宗马上将她扶起，"欢然慰抚"。为了给贵妃压惊，第二天玄宗大摆宴乐，让贵妃的三个姐姐一同作陪。众人"作乐终日，左右暴有赐与。自是宠遇愈隆"[9]。也就是说，宴乐持续了一天，很多人都得到了唐玄宗慷慨的赏赐。从此，唐玄宗更加宠爱杨贵妃了。

如果我们比较一下唐玄宗对身边人的态度，就可以清楚地看出唐玄宗内心世界的变化：贵妃出宫后，对左右"暴怒笞挞"；贵妃入宫后，则是"暴有赐与"。两个"暴"字反映了唐玄宗前怒后喜截然不同的心情，说明杨贵妃以感情俘虏了玄宗，接着自然是"宠遇愈隆"。

二、再次出宫

《旧唐书》："天宝九载，贵妃复忤旨，送归外第。"《新唐书》本传："天宝九载，妃复得谴还外第"。《资治通鉴》亦曰："〔天宝九载〕二月，杨贵妃复忤旨，送归私第。"天宝八载（749）十月初五，唐玄宗与杨贵妃再次游幸华清宫，至次年正月初十才返回，在华清宫住了九十三天。回到长安后不久，风波就发生了。

为什么会发生第二次出宫风波呢？史书上说是因为杨贵妃"复忤旨"，意思是说杨贵妃再次违背了唐玄宗的旨意。我们知道，杨贵妃第一次忤旨是因为妒悍，那这次忤旨是为什么呢？

关于这次忤旨的原因，文献中有两种说法。一种说法是杨贵妃"旧病复发"，继续妒媚；另一种说法是因为窃笛事件，杨贵妃偷吹宁王的玉笛引起了唐玄宗的不满。这两种说法似乎都有可能性。

首先，我们再来看一下杨贵妃妒媚的问题。

《开天传信记》云："太真妃常因妒媚，有语侵上，上怒甚，召高力士以辎軿送其家。"据此，杨贵妃第二次被赶出宫还是与争风吃醋有关。那么，这次她又妒了谁呢？对此，文献中没有明确记载。根据白居易等人的说法，很可能是妒忌新选入宫的妃嫔。

按照唐朝的制度，皇帝实行一夫多妻制。因此，在杨贵妃入宫之后，玄宗还是要继续从民间选美来充实后宫。元稹在《上阳白发人》中自注说："天宝中，密号采取艳异者为花鸟使。"可见天宝年间确有选美之事。

对于新选入宫的美女，唐玄宗会不会去宠幸呢？或者说，杨贵妃会不会妒媚呢？从有关资料来看，唐玄宗对新选入宫的一些年轻美女也是会感兴趣的。杨贵妃虽然很美，但毕竟是年过三十的人了。她会不会担心随着时间的推移，容貌渐衰的自己被年轻貌美的新得宠女子所取代？当然会有这种担心。

因此，天宝九载的出宫风波，也有可能是出于唐玄宗选美与调情之事。白居易就是这样理解的，他在《上阳白发人》中说："上阳人，红颜暗老白发新。……玄宗末岁初选入，入时十六今六十。……未容君王得见面，已被杨妃遥侧目。妒令潜配上阳宫，一生遂向空房宿。"诗前原有小注云："天宝五载已后，杨贵妃专宠，后宫人无复进幸矣。六宫有美色者，辄置别所，上阳是其一也，贞元中尚存焉。"

诗文透露了这样的信息：杨贵妃为了防患于未然，便先下手为强，挑出最妩媚动人的美女，暗送东都打入上阳冷宫。这种做法唐玄宗会不会知道呢？我想唐玄宗每次检阅选来的良家秀女，都看不到几个姿色出众的美女，心里肯定是会犯疑的。如果唐玄宗知道了杨贵妃的所作所为，他会有什么反应呢？他肯定是会大动肝火的，起码心里很不痛快。

所以，杨贵妃的妒媚，很可能是她第二次被赶出宫的根源，只是唐玄宗未以此为借口向她发难而已。

我们再来看窃笛事件。

贵妃窃笛是怎么回事呢？原来，玄宗的大哥宁王李宪（本名成器）是音乐名家，有一支名贵的紫玉笛。宁王在开元二十九年（741）已经去世，唐玄宗很敬重他，一直把他的遗物放在原处保存。有一天，杨贵妃乘无人之机，偷偷取下那支紫玉笛，吹了一首曲子。这就是所谓"贵妃窃笛"。

唐人张祜诗云："日映宫城雾半开，太真帘下畏人猜。黄翻绰指向西树，不信宁哥回马来。"[10]宋人乐史解释说："〔天宝〕九载二月，上旧置五王帐，长枕大被，与兄弟共处其间。妃子无何，窃宁王紫玉笛吹。故诗人张祜诗云：梨花静院无人见，闲把宁王玉笛吹。"[11]南宋王楙也说，此"乃谓妃子窃宁王笛"[12]。

杨贵妃闲来无事，私下把宁王玉笛拿出来吹，"因此又忤旨，放出"[13]。吹了一下宁王的笛子，为什么就会忤旨呢？因为唐玄宗主张以孝治天下。在这种思想的指导下，他也十分强调悌道。在开元年间，他身体力行，为天下人做孝悌的表率。在他看来，宁王是长兄，把天下让给了他，是应当永远受到尊重的。作为贵妃，怎能私自去吹宁王吹过的笛子呢？这分明是大不敬。

贵妃长期妒媚，使"后宫莫得进"，已经引起了玄宗的不满。现在正好找到一个借口，于是，玄宗"怒甚"，掀起了第二次出宫风波。他以杨贵妃偷吹宁王玉笛为由，又一次把她贬出宫去。换言之，杨贵妃因"忤旨"再次被遣送"私第"，即杨铦的府第。

通过梳理史料，基本上可以复原第二次出宫风波的轮廓：杨贵妃因忤旨再次被遣送杨铦府第。

与第一次情况不同的是，这次唐玄宗真的生气了，他不再像第一次那样，急切地想把杨贵妃召回宫中，甚至没有这样的打算。这下可急坏了杨家上上下下。杨家人深知，他们的荣华富贵与杨贵妃有着密切的关系。如果万一皇帝横下心来，不再将杨贵妃召进宫去，怎么办呢？所以，他们都非常恐慌。特别是杨贵妃的远房堂兄杨钊，心里十分着急。他想不出好的办法，就找吉温商量对策。吉温是个足智多谋的朝官，他想巴结杨贵妃，就利用他和高力士比较亲密的关系，进宫去见唐玄宗。

吉温对唐玄宗说：妇女智识不远，有忤圣情，可能不小心违背了皇上的旨意。"然贵妃久承恩顾，何惜宫中一席之地，使其就戮，安忍取辱于外哉！"[14]意思是说，杨贵妃长期蒙受皇帝的恩典，就是要杀她，也要让她死在宫中，怎么能让她到外面去受辱呢？从表面上看，他是建议唐玄宗把杨贵妃接进宫来，在宫中处死，实际上他是用激将法，让唐玄宗去感悟。

唐玄宗听了吉温的话，觉得很有道理。他这次把杨贵妃赶出宫去是为了泄愤,并不是要让她去死,但这种处置并不妥当。所以就派宦官张韬光到杨铦府上去,给杨贵妃送了一些吃的。

杨贵妃这次的表现和上次大不相同。她见到朝廷派来的使臣之后,非常激动,跪在地上不停地哭泣。她说,家里所有的金银财宝都是皇帝赏赐的,现在没有办法对皇帝有所馈赠,只有自己的头发是父母给的。说完就拿起剪刀,剪下了一缕青丝,交给使臣,让他带进宫去。

唐玄宗看到杨贵妃的头发,不由得悯然流泪。因为他知道身体发肤受之父母,是不能轻易毁伤的。杨贵妃剪发,就相当于她自杀了一回。唐玄宗的爱怜之心油然而生。《开天传信记》记载:"上得发,挥涕悯然,遽命力士召归。"也就是说,唐玄宗马上让高力士再次将杨贵妃召入宫中。

第二次出宫风波和第一次相似,以闹剧开始,以喜剧终结。《新唐书·杨贵妃传》载,风波之后,唐玄宗对杨贵妃"礼遇如初"。"如初",就是恢复了出宫前的专宠状态。而《资治通鉴》则说"宠待益深",意思是说,他们之间的感情不仅恢复了,而且还超过从前。从史实来看,《资治通鉴》的说法更为确切。[15]

在第二次出宫风波中,杨钊和秦国夫人因弥合有功,也得到了唐玄宗更多的恩泽。不久,唐玄宗特地"幸秦国(夫人)及国忠第,赐两家巨万"[16]。这年十月,即风波平息后半年多,玄宗与贵妃游幸华清宫,诸杨随行。唐玄宗赏识杨钊的一片忠心与办事能力,特地赐名"国忠"。从此,杨国忠得到更大的信用,越来越横行霸道。

出宫风波也使李杨的爱情升华了。杨贵妃出宫后,感到不能没有玄宗的爱抚,故"悔恨号泣";而当唐玄宗得到一缕青丝,也"挥涕悯然",说明他承受不了失去宠妃的精神打击。经此风波,他们往后再也没有发生过分离了,似乎贵妃变得不那么妒媚了,玄宗爱得更加专一了。

现在，我们回过头来看看白居易的《长恨歌》和陈鸿的《长恨歌传》。白歌陈传都对出宫之事只字未提，这究竟是为什么呢？这并不是因为他们不知底细，而是因为在他们看来，在李杨的爱情生活中，两次出宫只不过是小小的插曲而已。为了突出李杨爱情的主题思想，舍弃旁枝蔓节，这大概是白歌陈传未写出宫情节的原因吧。

杨玉环被选入宫，册立贵妃，使唐玄宗的感情得到了充实。然而，玉容妒悍和龙颜不悦的冲突，曾导致两次出宫风波。风平浪静之后，唐玄宗对杨贵妃"恩遇愈隆""宠待益深"。这两件事发生在杨贵妃一人身上，真是千古奇闻，其结局如此良好，更是出人意料。

两次出宫风波之后，杨贵妃更加受到唐玄宗的宠幸，其他妃嫔从此再无晋升之阶。那么，在天宝年间，唐玄宗与杨贵妃除了追求爱情以外，还有哪些活动呢？他们之间的爱情碰出了怎样的火花？

注释

[1]《太平广记》卷二四八。

[2]《朝野佥载》卷三。

[3]《新唐书》卷二〇五《列女传》。

[4]《全唐诗》卷五一一。

[5] 参见许道勋、赵克尧：《唐玄宗传》，人民出版社1993年版，第367页。

[6]《古今词话·词辨》卷上。

[7]《旧唐书》卷五一《玄宗杨贵妃传》。

[8]《资治通鉴》卷二一五，玄宗天宝五载七月条。细读《通鉴》，第一次出宫风波仅一天一夜，并没有延续几天。

[9]《旧唐书》卷五一《玄宗杨贵妃传》。

[10]《全唐诗》卷五一一。

[11]《杨太真外传》卷上。

[12]《野客丛书》卷二四。

[13]《杨太真外传》卷上。

[14]《旧唐书》卷五一《玄宗杨贵妃传》。

[15] 此外,乐史《杨太真外传》比《新唐书》和《资治通鉴》成书早,因《旧唐书》没有提到结局,故此书的"自后益嬖焉"是最早提及结局的确切用语。

[16]《新唐书》卷七六《杨贵妃传》。

第七讲　歌舞升平

　　唐玄宗酷爱乐舞，是中国历史上最具音乐才能的帝王。杨贵妃在乐舞方面也具有杰出的才能，是中国古代极善歌舞的皇妃。他们二人有共同的爱好，在天宝年间歌舞升平，不遗余力。白居易诗云："骊宫高处入青云，仙乐风飘处处闻。缓歌缦舞凝丝竹，尽日君王看不足。"由此可见唐玄宗和杨贵妃歌舞升平的盛况。发展歌舞艺术固然无可厚非，但作为一国之君，唐玄宗不理朝政，把主要精力放在乐舞方面，这样做会带来怎样的后果呢？

唐玄宗和杨贵妃的共同爱好都在歌舞方面。因此，天宝年间，他们利用开元盛世所营造的富强局面，沉浸于歌舞升平之中，把他们的音乐、舞蹈才能发挥到了极致。

一、玄宗好乐

唐玄宗的音乐细胞是从小培养起来的。他生活在一个有着浓厚音乐氛围的家庭中。他的父亲睿宗李旦以"好乐"而著称，有把心爱的"玉环琵琶"，对音乐往往是"听之忘倦"[1]。他的长兄成器以善笛出名，弟弟隆范善弹琵琶。

生长于"音乐世家"的唐玄宗，从小就对音乐充满热爱。他在六岁时，就曾在祖母武则天面前表演《长命女》舞蹈。他经常与乐工为伴，逐渐学会音律。长大后，仪范伟丽，"英断多艺，尤知音律"[2]。从某种意义上讲，唐玄宗是一位多才多艺的音乐天才。

史书记载，唐玄宗能演奏多种乐器，无论是吹奏乐器、弹奏乐器还是打击乐器都很在行，"丝管皆造其妙"[3]。他从小就会弄笛，长大后技艺与日俱增，常以笛度曲，就连当时最著名的笛家李谟也要向他学习。他喜欢拨弄弦乐，"自执丝竹"[4]，弹奏丝弦乐器与吹奏管乐器都很在行。而他最拿手的乐器就要算羯鼓了。

羯鼓是打击乐器，南北朝时已从西域传入。形如漆桶，击用两小杖，故又称"两杖鼓"。唐代的高昌乐、龟兹乐、疏勒乐、天竺乐等都用羯鼓伴奏。玄宗常说："羯鼓，八音之领袖，诸乐不可方也。"[5]八音，指金、石、丝、竹、匏、土、革、木。羯鼓声声焦杀，特异众乐，故为八音之首。"羯鼓声高众乐停"，那高昂雄壮的鼓声，恰好与盛唐气象相配合。当时著名乐人李龟年亦善羯鼓。玄宗问"善羯鼓"的李龟年能打多少杖，龟年回答说："臣打五十杖讫。"玄宗说："汝殊未，我打却三竖柜也。"过了几年，又闻李龟年打一竖柜，"因锡（赐）一拂杖羯鼓棬"。[6]故事真实性无法考证，但多少反映了唐玄宗体力健壮，技艺高超。

历史上喜爱音乐的帝王不少，懂得一些乐器的也大有人在，但善于作曲的并不多见。唐玄宗能作曲，也能作词。元稹、白居易都推崇其"雅好度曲"。宋人王谠赞扬玄宗"制作诸曲，随意即成，如不加意"[7]。达到即事作曲、随心所欲的地步，那需要何等的真功夫！他所作的词也曾得到推广。王建《宫词》云："朝来乐府歌新曲，唱著君王自作词。"由此可见，他还是作词的高手。

唐玄宗一生作了多少曲子，填了多少词，文献中缺乏详细的记载。《旧唐书·音乐志》云："玄宗又制新曲四十余，又新制乐谱。"他创作的乐曲除了著名的《霓裳羽衣曲》外，还有《得宝子》《紫云回》《凌波曲》《龙池乐》等等。

唐玄宗的音乐创作是在多种场合下进行的。有些曲谱的创作过程非常奇特，令人不可思议。比如，有时候他会因梦而作曲，名曲《紫云回》和《凌波曲》的创作过程就是在梦境中完成的。

唐人郑处诲在《明皇杂录》中记载说："玄宗梦仙子十余辈，御卿云而下，各执乐器悬奏之，曲度清越。一仙人曰：'此《神仙紫云回》，今传授陛下，为正始之音。'上觉，命玉笛习之，尽得其曲。"《开天传信记》载:"上尝坐朝,以手指上下按其腹。朝退,高力士进曰:'陛下向来数以手指按其腹,岂非圣体小不安耶?'上曰:'非也。吾昨夜梦游月宫,诸仙娱予以上清之乐,寥亮清越,殆非人间所闻也。酣醉久之,合奏诸乐以送吾归。其曲凄楚动人,杳杳在耳。吾回,以玉笛寻之,尽得之矣。坐朝之际,虑忽遗忘,故怀玉笛,时以手指上下寻,非不安。'"从这些记载来看,《紫云回》来自梦境。为了把梦中的曲子记下来,他在坐朝时偷偷用笛子复习,真可谓到了痴迷的程度。

《凌波曲》的创作也与梦有关。相传唐玄宗在东都洛阳梦见一个绝色佳人,穿着长袖的宽大衣服,来到玄宗床前向他下拜,称自己是凌波池中的龙女,向玄宗乞求乐曲一首,玄宗为龙女摘取新旧乐章制成《凌波曲》,用胡琴为龙女演奏。醒来后,仍然记得这支曲子,于是用琵琶重新温习,并在此基础上写成曲谱,广为流传。

唐玄宗为什么能在梦中创作曲子呢?这大概与他对音乐的爱好、他的音乐素养以及他对神仙世界的向往有关。日有所思,夜有所想,梦寐以求,自然会为他的梦中作曲聚集无限的能量。

当然,在梦中作曲是可遇而不可求的事,唐玄宗的大部分音乐作品,还是他在日常生活中触景生情而创作的。他是性情中人,情商很高,智商也很高。有时看到美丽的自然景致,他的音乐灵感就会迸发出来,创作出美妙动听的音乐。

有一年初春,一夜宿雨,洗尽长安灰尘,清晨初晴,景色明丽。玄宗早起,刚梳洗完毕,就到殿庭中散步,见杨柳梢头新绿将吐,玄宗不禁说:"对此美景怎能不叫人赞美春天呢?"左右待玄宗散步完毕,连忙摆上早饭,高力士为玄宗拿来了羯鼓。上"旋命之临轩纵击一曲,曲名《春光好》,神思自得。及顾柳杏,皆已发拆",指而笑道:"不唤我作天公可乎?"嫔嫱侍臣,皆称万岁。[8]一首曲子就可以使柳杏发拆，其中不乏将玄宗作曲天才神奇化的成分，但从另一个方面也反映出玄宗作曲的高妙。

还有一年深秋，秋风萧瑟，落叶满地。唐玄宗触景生情，又打起羯鼓，创作了著名的《秋风高》。后来，每当秋高气爽，云天澄澈之时，只要演奏这支曲子，就会有凉风从远处徐徐而来，黄叶从树上飒飒而下。这似乎已经达到了与自然巧妙合一的境界。

安史之乱爆发之后，唐玄宗仓皇出逃。逃亡途中，在秦巴山区，他还不忘用音乐来表达自己的心情。史载："明皇既幸蜀，西南行初入斜谷，属霖雨涉旬，于栈道雨中闻铃，音与山相应。上既悼念贵妃，采其声为《雨霖铃》曲，以寄恨焉。"[9]其真实的感情遭遇触动了他的作曲欲望，《雨霖铃》曲中包含了他对贵妃的思念，寄托了离开贵妃后的凄楚与悲凉。他想起与杨贵妃朝夕相处的美好时光，痛恨安禄山等人发动叛乱，心中百感交集，命左右取长笛，自制一曲吹之。乐工记其谱，从而形成名曲《谪仙怨》。[10]

无论是因为何种动机而作曲，因梦到仙女而作，因遇到令人感动的自然景物而作，或因情感自发寄情于曲，玄宗的乐曲都饱含着真情实感。由于少了很多矫揉造作的成分，玄宗制作的乐曲轻盈自然。

玄宗作曲的本领高，能谱写华丽的乐章，并能用乐器演奏出来，因此，一些著名乐人也要向他学习。李谟偷曲的故事就说明了这个问题。据说，玄宗东幸驻跸上阳宫，夜阑新翻一曲，击节度谱。适有少年笛手李谟路过宫墙，偷听度曲，默记曲谱。次夕元宵，玄宗潜游灯下，忽闻酒楼有人笛奏己曲，问其来历，方知缘由。元稹有诗云："李谟擪（yè）笛傍宫墙，偷得新翻数般曲。"张祜也有诗曰："平时东幸洛阳城，天乐宫中夜彻明。无奈李谟偷曲谱，酒楼吹笛是新声。"

通过以上讲述，我们可以做出这样的判断：唐玄宗是一位杰出的音乐家。人们常说："物以类聚，人以群分。"作为一位富有音乐才能的帝王，他肯定希望自己能够有音乐方面的知音，而杨贵妃正是最合适的人选。

二、贵妃知音

杨贵妃的家庭背景与唐玄宗不同，但因是名门之后，从小也受到过乐舞教育。她具有天赋的艺术素质。少年时代她就在歌舞方面显露出超人的才华。入内宫之后，杨贵妃以绝代姿色与兼通音乐歌舞的优势，在众多只善歌舞的后宫嫔妃中鹤立鸡群，卓尔不凡，受到唐玄宗的宠爱。

杨贵妃在音乐方面的才能，首先表现在她精通多种乐器，吹拉弹唱无所不能，尤其善弹琵琶、击磬、吹笛子。

据《明皇杂录》记载，杨贵妃所使用的琵琶，是宦官白秀贞从四川带回来的，"其槽以逻迤檀为之"，温润如玉，背面有用金线做的一对凤凰，看上去十分精美。每当她抱着这把琵琶在梨园演奏，"音韵凄清，飘如云外"，总能赢得阵阵喝彩。当时的许多艺人都是她的粉丝，就连她的姐姐虢国夫人都拜她为师，自称"琵琶弟子"。

除弹琵琶之外，杨贵妃还是击磬高手。《开天传信记》载："太真妃最善于击磬，搏拊之音泠泠然新声，虽太常梨园之能人，莫加也。上令采蓝田绿玉琢为器上进，簨虡流苏之属，皆以金钿珠翠珍怪之物杂饰之。又铸二金狮子，作拿攫腾奋之状，各重二百余斤以扶。其他彩绘缛丽，制作神妙，一时无比也。"由此可见，杨贵妃善于击磬，水平比太常、梨园的乐师更高，能打出泠泠然的新声。唐玄宗对杨贵妃的击磬才艺非常欣赏，专门用蓝田绿玉给她制作了一件装饰精美的玉磬。杨贵妃击打这件玉磬，更能彰显出她的艺术水平。

杨贵妃吹笛的水平可能比她弹琵琶、击磬要差一些。但有一点可以肯定，她是喜欢吹笛的，而且吹得相当好。据说她第二次被赶出宫，就与偷吹宁王留下的紫玉笛有一定的关系。

唐代壁画中的贵族妇女

唐代壁画中的奏乐人物

唐乾陵壁画仕女图

永泰公主墓仕女壁画

敦煌乐舞壁画(局部)

韩休墓乐舞壁画(局部)

苏思勖墓乐舞壁画（局部）

苏思勖墓乐舞壁画（局部）

苏思勖墓胡旋舞壁画（局部）

李勣墓乐舞图

唐代簪花仕女图(局部)

章怀太子墓打马球壁画

永泰公主墓线刻侍女图

懿德太子墓石椁线刻画

与唐玄宗一样，杨贵妃也会作曲。相传《凉州曲》，"贵妃所制"[11]。这种说法未必准确，但反映了杨贵妃作曲的事实。《开天传信记》云："西凉州俗好音乐，制新曲曰《凉州》，开元中列上献。上（玄宗）召诸王便殿同观。"据此，《凉州曲》是开元中传入的。由于玄宗的喜爱，贵妃对它做了改编，使之成为天宝中的流行歌曲。司马光称赞玄宗"精晓音律"，贵妃"晓音律"。以"精"否划分，表明大史学家用词极有分寸。的确，两人都通音律，但内行程度有别，贵妃作曲的水平自然比不上玄宗，但一个妃子能作曲，这在嫔妃群中已经是难能可贵的了。

　　杨贵妃不仅会演奏多种乐器，通晓音律，而且尤其善于跳舞。她是以出色的舞蹈家而彪炳于盛唐史册的。唐代的舞蹈有健舞与软舞之分，对于这两种类型的舞蹈，杨贵妃都是非常了解的。

　　史书记载，杨贵妃是跳《胡旋舞》的高手。《胡旋舞》出自康国，以旋转为主。这种舞蹈在南北朝时就传入了中原。开元、天宝年间，西域康、米、史、俱密诸国屡献胡旋舞女。由于唐玄宗的喜爱与倡导，《胡旋舞》成为内宫宴乐活动的节目之一。白居易《胡旋女》诗云："中有太真外禄山，二人最道能胡旋。"天宝六载（747），安禄山入朝，宴于兴庆宫勤政楼。"玄宗每令作《胡旋舞》，其疾如风。"[12] 可见玄宗是很欣赏《胡旋舞》的。而安禄山虽然自称体重三百五十斤，腹垂过膝，但跳起舞来，旋转如风，说明他舞蹈本领高超。至于杨贵妃，虽然现存史籍上没有关于她跳《胡旋舞》的记载，但从她善舞《霓裳》，可以推断她会舞《胡旋》，因为两舞有相同的身段舞姿。白居易说她"最道能胡旋"，当有史实根据。

　　另外，我们从唐代诗人对《胡旋舞》的相关描述中可以窥其一斑。白居易《胡旋女》诗云："胡旋女，胡旋女，心应弦，手应鼓。弦鼓一声双袖举，回雪飘飖转蓬舞。左旋右转不知疲，千匝万周无已时。人间物类无可比,奔车轮缓旋风迟。"元稹、岑参也有描写《胡旋》的诗篇。在诗人的笔下,胡旋女精湛的表演栩栩如生。鼓乐起处,胡女应节而舞。急促多变的舞姿似雪花当空飘舞,如蓬草迎风起伏。速度那样快,连飞卷的旋风也显得迟缓;转得那样急,四面的观众都无法分辨出胸和背。"左旋右转不知疲","前见后见回回新"。在豪华舞衣的衬托下,胡旋女显得特别动人。

杨贵妃还善于跳《春莺啭》。张祜诗云:"兴庆池南柳未开,太真先把一枝梅。内人已唱《春莺啭》,花下傞傞软舞来。"这首诗形象地描述了杨贵妃跳软舞的神态。

杨贵妃的舞蹈才能还不止于此。她会跳舞,还会编舞。据古代舞蹈史的专家分析,杨贵妃很可能是《霓裳羽衣舞》的编舞者[13]。

据《长恨歌传》记载,唐玄宗初次召见寿王妃杨玉环时,即"奏《霓裳羽衣曲》以导之",《杨太真外传》亦有类似记载。为什么唐玄宗在杨玉环进见之日选择《霓裳羽衣曲》演奏呢?因为它是当时最流行的名曲,其中包含着唐玄宗本人的艺术创作。关于《霓裳羽衣曲》的创作过程,刘禹锡说是玄宗游女几山仙女庙时激发了

《唐明皇秋夜梧桐雨》插图

灵感而作："开元天子万事足,唯惜当时光景促,三乡陌上望仙山,归作《霓裳羽衣曲》。"还有人说:玄宗在术士的帮助下登上了月宫,见到了数百仙女,素练霓衣,载歌载舞,其曲精妙无比,玄宗问其名,答之曰《霓裳羽衣》。精于音乐的玄宗暗暗记下了声调,回来以后,创作了《霓裳羽衣曲》。当然这些都是传说。据史料记载,《霓裳羽衣曲》来自河西凉州,其前身是古代印度的《婆罗门曲》,经明皇润色加工而成。

如果说《霓裳羽衣曲》的形成,唐玄宗有不可磨灭的贡献,那么《霓裳羽衣舞》的形成则要归功于杨贵妃。白居易在《法曲》诗里自注云:"《霓裳羽衣曲》起于开元,盛于天宝也。"而"盛于天宝",是与杨贵妃的努力分不开的。因为开元时期,唐玄宗只是完成了作曲工作,尚未推出舞蹈的形式。到了天宝时期,才形之于舞,形象地显现了乐曲的意境。而从音乐到舞蹈的演变过程中,一个不可忽视的因素就是杨贵妃加入了《霓裳羽衣舞》的创作实践。杨贵妃深得乐曲旨趣,运用"小垂手"等优美的传统舞姿,又注入了西域舞伎的旋转动作,赋予它绰约多姿、婉转飘忽的旋律,使舞与曲达到完美无缺的艺术佳境。

天宝年间,唐玄宗每次酺宴,先设太常雅乐,"继以鼓吹、胡乐、教坊、府县散乐、杂戏;又以山车、陆船载乐往来;又出宫人舞《霓裳羽衣》"[14]。从这张节目单中可以看到,宫人舞《霓裳》是宴会的高潮之一。杨贵妃有个侍儿,名叫张云容,"善为《霓裳》舞"。贵妃曾赠她一首诗,曰:"罗袖动香香不已,红蕖袅袅秋烟里。轻云岭下乍摇风,嫩柳池塘初拂水。"诗中所形容的舞蹈优美多姿,反映了杨贵妃编舞的意图。

杨贵妃不仅编导《霓裳羽衣舞》,有时还亲自参加演出。史载,杨贵妃曾"醉中舞《霓裳羽衣》一曲,天颜大悦"[15]。唐玄宗与杨贵妃每年冬季有两三个月避寒华清宫,在"缓歌缦舞"的生活中,自然少不了醉舞一曲《霓裳羽衣》。对于她所编导的《霓裳羽衣舞》，杨贵妃也很自信。她曾对唐玄宗说："《霓裳羽衣》一曲，可掩千古。"

《霓裳羽衣舞》是在《霓裳羽衣曲》的基础上改编而成的，由唐玄宗与杨贵妃共同创作，因而他们对此都十分珍视。唐人对《霓裳》特别欣赏。白居易诗云："千歌万舞不可数，就中最爱霓裳舞。"天宝四载（745），杨贵妃在木兰殿独舞《霓裳》名噪一时。可以说《霓裳羽衣》是当时的代表作之一，它成功地塑造了仙女形象，创造出仙国意境，给人以美的享受，因而成为我国音乐史上一颗璀璨的明珠。

显然，杨贵妃具有杰出的音乐、舞蹈才能，在这方面，她与唐玄宗志趣相同，可以说是一对知音。正因为如此，唐玄宗得到杨贵妃时，有一种相见恨晚的感觉。

天宝年间，玄宗沉醉于乐舞艺术之中，能歌善舞的杨贵妃正好迎合了唐玄宗的艺术情趣。在帝京兴庆宫与骊山华清宫，他们热衷于演艺活动，或联袂演出，玄宗倚曲，贵妃"领歌"，或组织梨园弟子演奏金石丝竹及跳各类舞蹈。有时候，"贵妃姊妹尽来看"，共同观赏宫伎乐舞。

三、轻歌曼舞

史载，唐玄宗和杨贵妃为发展乐舞采取了许多措施。

首先，从制度创新入手，完善音乐机构，培养乐舞人才。

唐玄宗和杨贵妃在乐舞人才的培养方面所做的努力，主要表现在以下三个方面：

1. 增设教坊

唐高祖在建国之初，设立内教坊，武则天称帝后改名为云韶府，以中官为使。唐玄宗即位后，由于对音乐的喜爱，大大扩展其编制，又在宫中蓬莱宫侧设内教坊。内教坊的乐舞伎分为新声、散乐和倡优三部分。新声是指以法曲为主的流行乐曲，散乐是指以诙谐逗趣为主的表演,内教坊中的乐工依色艺水平从高到低依次为"内人""宫人""挡弹家"。

除了内教坊,唐玄宗还在宫城之外设置了外教坊。外教坊有左右之分。左教坊设在宫城西侧的延政坊,右教坊设在大明宫东侧的光宅坊。外教坊的主要职责是为宫廷燕乐服务,不归太乐署,而由皇帝直接派官吏任教坊吏管理。教坊主要是为皇帝提供娱乐性歌舞表演的,这在客观上刺激着当时的乐伎不断提高歌舞技艺。

2.创建梨园

开元二年（714）,唐玄宗创置梨园,使其成为教练宫廷歌舞艺人之处。其后又不断增加,形成三个梨园：第一个梨园在长安禁苑,称为"皇帝梨园",主要是演奏法曲和试奏玄宗所作乐章。皇帝梨园是皇家音乐教习、排练厅,由"预教"的弟子与执教的乐师组成皇家乐队,经过审音专家唐玄宗的指导,使曲艺更上一层楼。第二个梨园在长安太常寺,称作"太常梨园别教院",以试奏艺人法曲为主。

华清宫梨园复原图

第三个梨园在洛阳太常，称作"梨园新院"，以演奏民间音乐为主。此外，天宝年间还曾在华清宫中设立梨园。

玄宗还在梨园法部设了一个由三十多人组成的小型少年乐队，年龄均在十五岁以下，叫作"小部音声"。唐玄宗新设的宜春院，亦是梨园，不过教习对象是以女性为主。玄宗以"宫女数百，亦为梨园弟子，居宜春北院"[16]。前者以习奏乐曲为主，后者以习练歌舞为主。宜春院可以说是皇家歌舞集训排演的场所。由于唐玄宗与杨贵妃的关怀，宜春院培养了一批女歌舞家。后来，随着演艺队伍的扩大，唐玄宗还设置了别教院。别教院是专教乐工新曲与演奏新曲的机构，人数比梨园与宜春院都多，常有千人。唐玄宗为了将度谱新曲投入演奏，需先经排练，别教院的任务就是教会乐工供奉新曲的演奏。

梨园的乐工舞人是从技术水平较高的坐部伎和宫女中挑选出来的，因此选入梨园的都是最优秀的乐舞艺人。史载："玄宗既知音律，又酷爱法曲，选坐部伎子弟三百教于梨园，声有误者，帝必觉而正之，号'皇帝梨园弟子'。"[17]教坊、梨园、宜春院、别教院、小部音声等机构的设置、扩大和完善，培训了一大批乐工与歌舞艺人，为繁荣盛唐艺坛注入了新的活力。

3. 划分立部伎和坐部伎

唐初有十部乐，即《燕乐》《清商乐》《西凉乐》《天竺乐》《高丽乐》《龟兹乐》《安国乐》《疏勒乐》《康国乐》《高昌乐》。唐玄宗开元年间将其分为立部伎和坐部伎。室外广场庭院演出，堂下立奏，叫"立部伎"，立部伎人数众多，有上百人表演。室内厅堂表演，堂上坐奏，叫"坐部伎"。坐部伎是人数较少的小型表演。立部伎有八部著名的乐章，即《安舞》《太平乐》《破阵乐》《庆善乐》《大定乐》《上元乐》《圣寿乐》《光圣乐》。坐部伎有六部，即《燕乐》《长寿乐》《天授乐》《鸟歌万岁乐》《龙池乐》和《小破阵乐》。

唐代乐俑

立部伎、坐部伎的设立，表明盛唐舞蹈没有仅仅停留在对前代乐舞的吸收和继承上，而是进一步创造提高，是舞蹈艺术走向成熟的表现。

其次，注重乐舞交流，大胆创作，推陈出新。

1. 继承中国乐舞传统

玄宗所设的立部伎中有一部分是继承了前代旧乐。如《太平乐》《破阵乐》《圣寿乐》，都是前代较为优秀的舞蹈作品。坐部伎中，除《龙池乐》和《小破阵乐》为玄宗时代的作品外，其余都是前代之作。因此玄宗时代的乐舞广泛吸收了前代作品的精华，达到了"古为今用"的目的。

2. 汲取异域乐舞精华

盛唐时代的乐舞从表现形式上看，是广泛地吸收了四方少数民族和外国乐舞的某些因素而加以创作的。在盛唐的立部伎中"《破阵乐》以下皆用大鼓，杂以龟兹乐，其声振厉"，而立部伎中"自《长寿乐》以下，用龟兹舞"，即在这些乐舞中吸收了龟兹舞的某些元素。

坐部伎、立部伎有这么多的乐部吸收了西域龟兹乐的成分，可见当时西域乐舞在中原流行的盛况。

在诸多的异域舞蹈中最值得一提的是，《胡腾舞》《胡旋舞》《柘枝舞》皆从西域传来，且风靡一时。《胡腾舞》来源于西域石国（今乌兹别克斯坦共和国塔什干一带），舞蹈中有腾空旋转动作，幅度大，节奏快，音乐急促，舞姿复杂多变，风格豪放。《胡旋舞》传自中亚一带，以快速轻盈的旋转动作为主。《柘枝舞》也传自西域石国，舞者身穿胡服，这种舞蹈以鼓伴奏，节奏鲜明，气氛热烈，风格健朗，舞姿变化十分丰富，时而婉转绰约，时而矫捷奔放。

3.展示盛唐气象

唐代的音乐不同于周代的雅乐、汉代的相和、六朝的清商，唐玄宗和杨贵妃对音乐的重视、盛唐开放的氛围、唐人的雄阔，使其以海纳百川的气魄接受了来自不同地区的音乐文化，异族音乐中欢快健朗的风格与中原平和的音乐风格相融合，展现出气态恢宏的盛唐气象。

就音乐而言，当时有专门管理音乐的机构，形成了一些不同的音乐流派，乐器种类繁多，乐谱和乐章也大量出现，呈现出繁盛的局面。《新唐书·礼乐志》载："唐之盛时，凡乐人、音声人、太常杂户子弟隶太常及鼓吹署，皆番上，总号音声人，至数万人。"

盛唐时期的音乐流派较多，有雅乐、凯乐、燕乐、散乐和夷乐之分。雅乐是帝王举行祭天地、祀祖先、朝群臣、宴百僚等大典时所用的音乐，以"典雅纯正"而得名。凯乐是"鼓吹之歌曲"[18]。燕乐是帝王宴享所用的音乐。唐代燕乐是中原乐舞与少数民族乐舞融合的产物。唐代燕乐中最为辉煌的是大曲，这种大曲糅合了乐府音乐和外来音乐的精华，综合器乐、歌唱、舞蹈而成，代表了燕乐的全部艺术成就。散乐相当于戏曲、杂技。夷乐，系少数民族及邻国音乐，有东夷乐、西戎乐、南蛮乐、北狄乐之分。

常见乐器有三百余种，大致可以分为吹奏乐器、弹奏乐器和击奏乐器三种类型。吹奏乐器主要有笛、箫、笙、觱篥、贝、簸等。弹奏乐器有琴、独弦琴、击琴、瑟、筑、筝、箜篌、秦琵琶、琵琶、五弦等。击奏乐器有钟、磬、方响、铜钹、连鞡鼓、桴鼓、铜鼓、节鼓、腰鼓、齐鼓、檐鼓、羯鼓、都昙鼓、毛员鼓、龟头鼓、侯提鼓、答腊鼓、鸡娄鼓等。

记谱方法有所发展，创立了减字谱。各种乐器都有乐谱。文献中提到的乐谱有琵琶谱、筝谱、笛谱、觱篥谱、羯鼓谱等。音乐表演家层出不穷，呈现出前所未有的盛况。

在舞蹈方面，宫廷舞蹈、民间舞蹈和表演性舞蹈都相当发达。其中表演性舞蹈可分为健舞和软舞两大类，代表了当时舞蹈的水平。健舞动作矫健，节奏明快；软舞柔和优美，抒情性强。表演性舞蹈一般规模较小，多半是单人舞和双人舞。其中一部分是中外民间舞蹈，一部分是前代舞蹈，一部分是在继承传统和吸收融合中外民间舞基础上创作的舞蹈，艺术水平都比较高。据《教坊记》和《乐府杂录》记载，唐代有名的健舞有十一种，软舞有十三种。

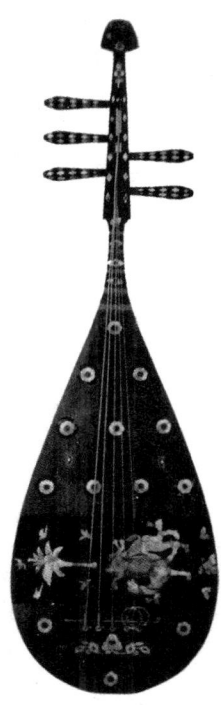

日本正仓院所藏唐代琵琶

属于健舞的舞蹈，以《胡旋舞》《胡腾舞》《柘枝舞》和《剑器舞》最为著名。《胡旋舞》出自康国，以旋转为主，在开元、天宝年间极为流行，白居易、元稹、岑参皆有描写《胡旋》的诗篇。《胡腾舞》自石国传入，以跳跃和急促多变的腾踏舞步为主，舞者往往头戴缀珠的尖顶帽，身穿窄袖胡衫，动作幅度大，节奏快，热烈活泼，常常"扬眉动目踏花毯，红汗交流珠帽偏"（李端《胡腾儿》），"四座无言皆瞪目，横笛琵琶遍头促"（刘言史《王中丞宅夜观舞胡腾》）。《柘枝舞》原为中亚一带的民间舞蹈，舞姿美妙，服饰华丽。唐人诗篇中涉及此舞者不在少数，"红铅拂脸细腰人，金绣罗衫软著身"（张祜《李家柘枝》）、"移步锦靴空绰约，迎风绣帽动飘摇"（章孝标《柘枝》）都是描述此舞的佳句。此舞变化多端，时而婉转绰约，时而矫捷奔放，节奏鲜明，气氛热烈，引人入胜。《剑器舞》由民间武术发展而来，经公孙大娘的加工和创造，更加完美动人。

软舞类舞蹈，主要有《绿腰》《春莺啭》《回波乐》《乌夜啼》《兰陵王》《凉州》《甘州》等。《春莺啭》系唐代创制的软舞。《教坊记》云此乐为高宗时宫廷乐师白明达所制。元稹《法曲》诗云："女为胡妇学胡妆，伎进胡音务胡乐。火凤声沉多咽绝，春莺啭罢长萧索。"《兰陵王》表现的是北齐兰陵王指挥作战的姿态。兰陵王勇猛善战，但面若女子，美丽无比，为了显示威武，作战时戴上假面。

软舞和健舞吸收了各族舞蹈的精华，内容丰富，形式多样，流传甚广，经久不衰，从一个重要侧面表现出唐代舞蹈的艺术水平。

值得注意的是，唐玄宗和杨贵妃对宫廷艺术家和民间艺术家没有偏见，他们礼待歌舞名伶，培养艺术新秀，并且经常与他们切磋技艺。这在当时实在是难能可贵的。因为按照唐代的法律制度，乐舞艺人的地位很低，他们被编入"乐籍"，号"太常音声人"，属于"贱民"之列。

史载，唐玄宗和杨贵妃为了发展乐舞事业，对乐舞人才十分重视。当时的音乐家张野狐、贺怀智、李龟年等人，都以"才学盛名"，受到玄宗奖赏。歌唱家红桃，舞蹈家张云容、谢阿蛮也受到杨贵妃的优待。杨贵妃曾写诗赞美张云容的舞姿，还曾把自己心爱的金粟装臂环赠给谢阿蛮。

通过以上讲述，大家可以清楚地看出，在天宝年间，杨贵妃的主要活动是与唐玄宗一起歌舞升平。从艺术的角度来看，他们的所作所为，对大唐帝国乐舞的兴盛无疑起到了一定的积极作用。

当然，除了事业之外，人还是需要生活的。杨贵妃在唐玄宗身边过着怎样的生活？她的亲戚们又表现如何呢？

注释

[1]《旧唐书》卷九九《严挺之传》。

[2]《旧唐书》卷八《玄宗本纪》。

[3]《唐语林》卷四。

[4]《资治通鉴》卷二一一，玄宗开元二年五月条。

[5]《新唐书》卷二二《礼乐志》。

[6]《隋唐嘉话》补遗。

[7]《唐语林》卷四。

[8]《羯鼓录》。

[9]《明皇杂录》补遗。

[10]《唐语林》卷四。

[11]《明皇杂录》补遗。

[12]《安禄山事迹》卷上。

[13] 参见王克芬：《中国舞蹈史》，文化艺术出版社1987年版，第55页。

[14]《资治通鉴》卷二一八，肃宗至德元载八月条。

[15]《杨太真外传》卷上。

[16]《新唐书》卷二二《礼乐志》。

[17]《新唐书》卷二二《礼乐志》。

[18]《唐会要》卷三三。

第八讲　享受荣华

　　唐玄宗对杨贵妃万般宠爱，杨贵妃与唐玄宗歌舞升平，他们的"二人世界"过得十分精彩。但在这个过程中，昔日励精图治的明君慢慢变成了纵情娱乐的昏君，天真无邪的美女也变成了追求奢华生活的贵妃。史载，唐玄宗不仅在精神上给了杨贵妃许多慰藉，而且在物质方面给她提供了极好的条件。那么，被爱情冲昏了头脑的唐玄宗和杨贵妃究竟过着怎样奢靡的生活呢？为博美人一笑，远在千里之外的新鲜荔枝是如何大费周章地运送到长安的？"上有所好，下必甚焉。"杨贵妃的那些亲戚都做了哪些嚣张跋扈的事情？

杨贵妃与唐玄宗在天宝年间歌舞升平，把大唐帝国的音乐舞蹈推向了一个新的高峰。与此同时，他们还享受荣华，追求纸醉金迷的豪奢生活。从大量资料来看，杨贵妃与唐玄宗的豪奢生活是多方面的，而沐浴温泉、纵情游乐和锦衣玉食构成了他们豪奢生活的主要内容。

一、沐浴温泉

史书记载，从开元二十八年（740）起至天宝十四载（755），杨贵妃与唐玄宗先后十九次前往温泉宫，历时九百九十八天，相当于两年零九个月时间，平均每年达五十三天左右。

开元年间，唐玄宗也常去华清宫。不过，那时玄宗为"开元之治"而忙碌，每年到了冬天才去骊山略微休整。一般是十月、十一月、十二月或正月出发，停留时间一般在七八天或半个月左右。

到了天宝时期，唐玄宗渐趋荒怠政事，用于娱乐的时间大量增加，每年在华清宫停留的时间也越来越多。如天宝二年（743）冬居留三十八天，胡三省指出"帝耽乐而忘返"[1]。所谓"耽乐而忘返"，就是沉溺于沐浴之乐不想回到长安的意思。

天宝六载（747）冬起居留时间更长，天宝八载（749）十月至次年正月，在华清宫停留了九十四天，天宝十载（751）冬至次年正月，停留时间更是长达九十六天，创下了最高纪录。更有甚者，索性在华清宫举行元旦朝贺的重大节目活动。

唐玄宗幸温汤一览表

序号	年代	温汤名	起止时间	天数
1	开元元年（713）	温泉宫	十一月二十四~十二月十六	22
2	开元二年（714）	温泉宫	九月二十四~十月初四	11
3	开元三年（715）	凤泉汤	十月十六~十一月初一	16
		温泉宫	十一月初七~十一月十六	10
4	开元四年（716）	温泉宫	二月初九~二月二十	12
			十二月十三~十二月二十三	11
5	开元七年（719）	温泉宫	十月初七~十月十九	13
6	开元八年（720）	温泉宫	十月十一~十一月初七	26
7	开元九年（721）	温泉宫	正月十九~正月二十八	10
			十二月十三~十二月二十	8
8	开元十一年（723）	温泉宫	十月初五~十月二十二	18
		凤泉汤	十二月初三~十二月十七	15
9	开元十四年（726）	广成汤	十月十六~十月二十五	10
10	开元十五年（727）	温泉宫	十二月初八~十二月十九	12
11	开元十六年（728）	温泉宫	十月十七~十月二十七	11
			十二月初六~十二月十六	11
12	开元十七年（729）	温泉宫	十二月初五~十二月十六	12
13	开元十八年（730）	凤泉汤	十月初九~十月二十二	14
		温泉宫	十一月十七~十一月二十七	11
14	开元二十一年（733）	温泉宫	正月十八~二月十九	31
			十月十七~十月二十六	10
15	开元二十五年（737）	温泉宫	十一月初二~十一月十五	14
16	开元二十六年（738）	温泉宫	十月十四~十月二十八	15
17	开元二十七年（739）	温泉宫	十月二十七~十一月十三	16

续表

序号	年代	温汤名	起止时间	天数
18	开元二十八年（740）	温泉宫	正月初六~正月十三	8
			十月十一~十月二十八	18
19	开元二十九年（741）	温泉宫	正月十一~正月十八	8
			十月十九~十一月十四	26
20	天宝元年（742）	温泉宫	十月二十六~十一月二十八	33
21	天宝二年（743）	温泉宫	十月十三~十一月二十	38
22	天宝三载（744）	温泉宫	正月初六~二月初六	30
			十月初五~十一月初八	34
23	天宝四载（745）	温泉宫	十月十四~十二月十五	61
24	天宝五载（746）	温泉宫	十月二十~十一月二十八	68
25	天宝六载（747）	华清宫	十月初六~十二月十二	66
26	天宝七载（748）	华清宫	十月十三~十二月二十五	72
27	天宝八载（749）	华清宫	十月初五~次年正月初十	94
28	天宝九载（750）	华清宫	十一月初五~十二月二十	46
29	天宝十载（751）	华清宫	十月初三~次年正月初九	96
30	天宝十一载（752）	华清宫	十月初五~十二月十五	70
31	天宝十二载（753）	华清宫	十月十一~次年正月初十	89
32	天宝十三载（754）	华清宫	十月二十三~十二月二十八	94
33	天宝十四载（755）	华清宫	十月初四~十一月二十一	47

注：玄宗在位将近44年，据文献记载，有33个年份幸温汤43次，凡1337天，年均约41天（其中眉县凤泉汤3次45天，汝州广成汤1次10天，华清宫39次1282天）。开元二十八年前有17个年份幸温泉24次，凡339天（其中凤泉汤45天，广成汤10天），年均约20天。开元二十八年后（含开元二十八年）有16个年份幸温泉19次（均在华清宫），凡998天，年均约62天。

杨贵妃每次与唐玄宗游幸华清宫，都要带上她的哥哥、姐姐及其家人。同样，唐玄宗也要带上诸王、公主和一些重要的文武官员。

元人所绘《杨贵妃上马图》（局部）

如天宝四载（745），贵妃与玄宗游幸温泉宫，杨家诸人及达官贵人随行，歌舞宴饮，游戏赌博，热闹非凡。正如清代史学家赵翼所说："华清宫之香车宝马，至天宝而极矣。"[2]

为了使游幸的过程更加舒服、有趣，唐玄宗大兴土木，对骊山行宫做了多次修葺。早在天宝元年（742），唐玄宗一得到杨贵妃，就在温泉宫中新建了长生殿。天宝三载（744），还在温泉宫南设置了会昌县，以凝聚温泉宫周围的人气。

到天宝六载，唐玄宗又下令改温泉宫为华清[3]宫，并且大兴土木，对华清宫进行大规模扩建，增辟温汤为池，修造亭台殿阁，布置园林美景。不仅如此，还修筑罗城，置百司及十王宅；临幸期间，移仗骊山，处理政事。华清宫"植松柏遍满岩谷，望之郁然"[4]。经过多次修建，华清宫成为唐代规模最大的行宫。这使华清宫俨然已经成为太极宫、大明宫和兴庆宫之外的政治中心。

根据文献记载和考古资料，华清宫的宫殿布局自北向南延伸。罗城以北门津阳门为正门，有中轴线直达南门昭阳门。东西两侧有开阳门和望京门，采取左右相对的格局分布各种建筑。其东半部是玄宗和贵妃的游乐中心，自北向南依次为遥光楼、飞霜殿、九龙殿等。西半部为庙宇坛院所在，自北至南依次为七圣殿、功德院、羽帐、瑶坛等。宫城之外有高大的缭墙，宫城与东缭墙之间有宜春亭、四圣殿、重明阁、斗鸡台、按歌台、观风楼等高大建筑物，宫城与西缭墙之间有粉梅坛、芙蓉园、看花台、西瓜园等园林建筑。在景色如画的东、西绣岭的苍松翠柏间，还布列着不少亭台楼阁，如著名的长生殿、老君殿、朝元阁等。[5]

华清宫的自然景观与人文景观高度合一。雕梁画栋，暖流汨汨，景色宜人，赏心悦目，故得到不少诗人的称赞。薛存诚《华清宫望幸》云："骊岫接新丰，岩峣驾碧空。……绛阙犹栖凤，雕梁尚带虹。温泉曾浴日，华馆旧迎风。"郑嵎《津阳门诗》云："此时初创观风楼，檐高百尺堆华榱。楼南更起斗鸡殿，晨光山影相参差。"因此，华清宫成为理想的游乐胜地。

当然，这些豪华宫殿建筑，也是耗人间膏脂的渊薮。据说修建此宫所需巨木，是远距离运输而来，在当时的条件下，耗费了大量的时间，造成了人力、物力、财力的巨大浪费。直至德宗时还记忆犹新，德宗有一次对户部侍郎裴延龄说："人言开元、天宝中侧近求觅长五六十尺木，尚未易，须于岚、胜州采市"[6]。

《雍录》载，华清宫的温泉位于"临潼县南一百五十步"的骊山西北麓。其出水量每小时约112吨，水色透明，水温在43℃左右。水中富含碳酸钠、二氧化硅、三氧化铝、氯化钠、硫黄等，对关节炎、皮肤病有较好的疗效。唐玄宗在对华清宫进行改造和扩建的过程中，还对宫内的汤泉进行了开发。

唐以前此地已有三处温汤。为了充分享受沐浴之乐，唐玄宗专门在华清宫中营建了一系列汤池，将温汤的数量增至十八处以上。[7]

这十八处汤池可分为专用汤池和公共汤池两类。专用汤池包括御汤、贵妃汤和太子汤等。公共汤池则包括尚食汤、宜春汤和星辰汤等。其中最著名的是御汤与贵妃汤。

华清池水源地

御汤，"曰九龙殿，亦曰莲花汤"[8]，是专为唐玄宗修建的等级最高的汤池，也是华清宫中规模最大的汤池，深约 1.5 米，浴池略呈椭圆形，池的四周用券石自上至下砌四级台阶，池面第一级台阶用券石砌成莲花形状。汤边有九个雕刻精美的龙头向池中喷水。"四面石座，阶级而下，中有双白石瓮，连腹异口，瓮口中复植双白石莲，泉眼自莲中涌出，注白石之面。"[9]据说"石莲"是范阳节度使安禄山进献的。安禄山为讨好唐玄宗，命玉工取上好的白玉石，雕成鱼龙凫雁为石梁，又雕"石莲花以献"。因雕琢酷肖，巧夺天工，玄宗大喜，"命陈于汤中，又以石梁横亘汤上，而莲花才出于水际"[10]。

贵妃汤又名海棠汤，在御汤之西南。该汤遗址已被发现。据考古资料，汤池东西长 3.6 米，南北宽 2.7 米，深 1.26 米。浴池沿边有上下两层台阶，每层分别用十六块与八块弧形券石砌成盛开的海棠花形状。宋人王谠说："御汤西南，即妃子汤，汤稍狭，汤侧有红石盆四所，刻作菡萏于白玉之面。"[11]菡萏是莲花的别称。也就是说，在红石盆中，安放着雕刻精美的莲花。

御汤池和贵妃汤池"制作宏丽"，装饰华丽。《明皇杂录》载，以银镂漆及白香木作船，又以珠玉装饰楫橹，还于汤泉中积垒瑟瑟（一种碧绿色的宝石）及沉香，制成类似瀛洲、方丈等仙山的形状。《津

贵妃池

阳门诗》注也说:"上时于其间泛钑镂小舟以嬉游焉。"从这些记载中,我们可以看出其汤池的奢华程度。

杨贵妃洗浴,据说不是一般的洗浴。她觉得一般的温泉水还不够,有时候就别出心裁,在温泉里面放上一些鲜花、花叶、花瓣,看起来非常漂亮,或者放一些中药材,或者放一些香料。总之,她不断地做一些实验,使她的沐浴活动显得更有情趣。

至于太子汤、尚食汤等汤池,也都是经过精心设计的。为掌管宫禁汤泉,唐玄宗专设温泉监机构与专官,监官正七品下,职责是"凡王公已下至于庶人,汤泉馆有差,别其贵贱,而禁其逾越"[12]。

贵妃出浴图

136

白居易在《长恨歌》中写道:"春寒赐浴华清池,温泉水滑洗凝脂。侍儿扶起娇无力,始是新承恩泽时。"由此可见,沐浴温泉是杨贵妃奢华生活的重要内容之一。李商隐在《华清宫》中说:"华清恩幸古无伦,犹恐蛾眉不胜人。"这句诗充分说明了杨贵妃在华清宫得到的恩宠是史无前例的。

当然,唐玄宗在宠爱杨贵妃的同时,也在追求享受,以至于出现"春宵苦短日高起,从此君王不早朝"的结果。张祜《华清宫四首》其四云:"水绕宫墙处处声,残红长绿露华清。武皇一夕梦不觉,十二玉楼空月明。"这首诗也揭露了玄宗在华清宫中怠于政事的事实。

二、纵情游乐

一年四季,春夏秋冬,唐玄宗和杨贵妃都要到长安城及其周边地区的风景区逛逛。特别是元旦朝贺、正月十五上元节、二月一日中和节、三月三日上巳节、七月七日乞巧节、八月五日千秋节、八月十五中秋节等,都要举行一些户外活动。他们比较喜欢游乐的地方,主要是兴庆宫的龙池、大明宫的太液池、长安外郭城东南隅的曲江池、长安城西南隅的昆明池、长安城东的浐灞地区以及长安城北的禁苑。

兴庆宫是唐代三大内之一,也是唐玄宗和杨贵妃经常生活的地方。宫中的龙池位于兴庆殿后,是宴乐赏景的中心场所。龙池之西为交泰殿,殿西北是著名的沉香亭,四周遍植绿树,繁花盛开。唐玄宗和杨贵妃喜欢经常光顾这些地方。

太液池在大明宫的北半部,也是著名的游园胜地。太液池中栽种着白莲,每逢八月中秋,即可欣赏池中千叶白莲之景,陶冶身心,或于月圆之夜"临太液池,凭栏望月",其景色宜人,正是玄宗和贵妃游幸、交流之绝佳场所。

曲江位于西安市的东南隅,是唐代长安城南的第一胜景。它既是国家公园,同时也是皇家园林。这座园林本来是一个天然池沼,经过秦汉以后的人工开凿，到唐代趋于兴盛。

史载，唐玄宗开元年间，对曲江池进行了大规模的修凿。一方面，挖掘池边的淤泥，疏通曲江风景区各洼地间的水道；另一方面开黄渠引南山义谷水流入池中，使曲江池的面积进一步扩大。此外，还在曲江周围修建了许多亭、台、楼、阁及其他游乐设施。这些人文景观或高大雄伟，或小巧玲珑，大部分都很美观，彼此相得益彰，使曲江风景区成为长安地区最有名的游览胜境。

唐李昭道《曲江图》（局部）

唐代曲江风景区以曲江池为中心，由曲江池、芙蓉苑、慈恩寺、杏园等几个部分组成，自然景观和人文景观都很优美。[13] 故宫博物院有一幅唐李昭道的《曲江图》，该图绘于绢上，"设色画，山水楼阁桥榭舟车人物凡数百"[14]，生动形象地展现了唐代曲江的壮丽景色和繁盛场面，看上去十分壮观。

从史书记载和唐人诗文来看，唐代曲江池的水域面积广大，而且池中不少地方的水很深，水中有大量的鱼类生长。池的四周，特别是东西两岸的大片浅水区域，到处生长着芙蓉。池的四周还生长着许多杨柳、松柏、槐柿、梅竹、菰蒲和各种各样的花卉。每当春和景明，曲江一带鸟歌枝头，鱼翔浅底，湖光山色，美不胜收。

芙蓉苑位于曲江东[15]，是唐代的皇家花园。因这个花园与城北的皇家禁苑遥遥相对，故有"南苑"之称。苑中景致极佳。入夏以后，莲花盛开，柳丝低垂，清风习习，荷香阵阵，令人流连忘返。但由于芙蓉苑是皇家禁苑，所以一般人不能入内，只有具有特殊身份的人才能入苑赏花。好在曲江池四周浅水之处，均有莲花分布，可供普通人士观赏。

大慈恩寺在曲江池的西北。寺中的花木十分繁茂，春有杏花牡丹，夏有碧荷红莲，秋有金菊柿树，四季修竹长青，是曲江风景区中的一个重要景点。

杏园位于大慈恩寺之南。张礼在《游城南记》中说："东南至慈恩寺。……出寺，涉黄渠，上杏园。"杏园以"杏"为主景，每至阳春日，十亩树花发，"异香飘九陌，丽色映千门"，"映云犹误雪，照日欲成霞"。新科进士常在此地举行"杏园宴"。长安居民也争先恐后，来园中赏花。

唐朝人很喜欢曲江池，常常撰写诗文予以歌颂。其中欧阳詹和王棨的作品影响是最大的。欧阳詹认为曲江池的存在有许多好处：首先，曲江池改善了长安城的环境，"流恶含和，厚生蠲疾"，可以消除污秽，减少疾病，有益于人们的身体健康。其次，曲江池改善了长安一带的空气，"涵虚抱景，气象澄鲜"，使长安城具有良好的生态环境。再次，曲江池景色优美，引人入胜，"洗虑延欢，俾人怡怿"，可以使人消除疲劳和忧虑，保持愉快的心情。此外，曲江池还可以"栖神育灵，兴善惩恶"，使人们的生活得到安宁。

王棨更认为曲江池的好处超过了长安西南的昆明池和皇宫中的太液池。他在《曲江池赋》中说：曲江池"嘉树环绕，珍禽雾集。阳和稍近，年年而春色先来；追赏偏多，处处之物华难及。……岂无昆明而在乎畿内，岂无太液而在乎宫中？一则但畜龟龙之瑞，一则犹传战伐之功。曷若轮蹄辐凑，贵贱雷同，有以见西都之盛，又以见上国之雄"。

盛唐时期，唐玄宗常带杨贵妃游曲江。为了方便前往曲江游乐，唐玄宗专门让人在长安城的东墙边修筑了"夹城"。唐玄宗还常与大臣一起在曲江游宴，甚至作诗唱和。王维《三月三日曲江侍宴应制》诗云："万乘亲斋祭，千官喜豫游。奉迎从上苑，被禊向中流。"有时，唐玄宗还要举行曲江大会。《唐摭言》卷三《散序》载："逼曲江大会，则先牒教坊请奏，上御紫云楼，垂帘观焉。时或拟作乐，则为之移日。……曲江之宴，行市罗列，长安几于半空。"

盛唐以来，新科进士例游曲江。据说这项活动是汉代校文仪式的延续。韦述在《两京新记》中说："〔汉〕宣帝起乐游苑于曲江池，以为校文之所。唐开元中更疏凿之。池菰蒲葱翠，柳阴四合。都人游赏，三月三日最盛，元宗尝赐臣僚宴焉。后以秀士每年登科第赐宴曲江。盖不忘校文之意也。"进士游曲江，参加杏园宴后，还要到大雁塔下题名。王定保在《唐摭言》卷三《慈恩寺题名游赏赋咏杂记》中记载："神龙已来，杏园宴后，皆于慈恩寺塔下题名。"曲江流饮及雁塔题名是当时的盛事，故与宴之人多赋诗抒怀。如刘沧《及第后宴曲江》诗云："及第新春选胜游，杏园初宴曲江头。紫毫粉壁题仙籍，柳色箫声拂御楼。霁景露光明远岸，晚空山翠坠芳洲。归时不省花间醉，绮陌香车似水流。"除进士之外，皇亲国戚、文武官员、僧尼道士、都中士女亦多前往曲江。

曲江一年四季都有游人观光。春季百花盛开，风和日丽，游人最多。王涯《游春辞二首》其一云："曲江丝柳变烟条，寒谷冰随暖气销。才见春光生绮陌，已闻清乐动云韶。"林宽《曲江》诗云："曲江初碧草初青，万毂千蹄匝岸行。"由此可见曲江春游之盛。昆明池是汉武帝为训练水师而开凿的一个巨大的人工湖泊。这个湖泊在唐代水域仍相当辽阔。湖中有用巨石雕成的鲸鱼及牛郎织女雕像。湖上水禽众多,湖边林木茂盛。泛舟湖上,鱼翔浅底,远山近树,回清倒影,美不胜收。

禁苑在长安城北,面积广大。苑中有梨园及其他果园,生长着各种动物和植物,其中包括来自异域的珍稀动物和奇花异果。这种地方一般人是不能进去的,而唐玄宗和杨贵妃自然可以随便出入。

天宝年间,上述这些地方都留下了杨贵妃和唐玄宗的足迹。那么,杨贵妃和唐玄宗游乐的主要内容是什么呢?是赏花、享宴、举行歌舞表演。

杨贵妃是大美人,她也爱美的东西,尤其爱花,所以赏花是她游乐的一项重要内容。她特别喜欢牡丹花,还喜欢芙蓉花、菊花和梅花。

牡丹花本来是山西汾阴山中的野花,武则天在当皇后的时候,把它大量移植到长安城中,又把它移到洛阳等地。牡丹有黑、白、紫、红等多种花色,它雍容华贵,国色天香,因而受到两京人士的喜爱。人们不惜重金养牡丹、赏牡丹,一时间蔚然成风。杨贵妃生于四川,小的时候没见过牡丹,后来在洛阳一见到牡丹,就喜欢上了。可以说,在长安城众多的花卉中,牡丹是她的最爱。每年阳春三月,牡丹盛开,她都要在长安城中欣赏牡丹。李白作《清平调》赞曰:"名花倾国两相欢,长得君王带笑看。解释春风无限恨,沉香亭北倚栏杆。"描写了沉香亭北观赏牡丹花的实地实景。

芙蓉花出淤泥而不染,高洁美丽,受到世人的称赞。这种花的色彩,与牡丹有相似之处,故杨贵妃和唐玄宗都喜欢。

除了赏花,杨贵妃和唐玄宗经常要做的一件事就是举行宴会。在举行宴会的时候,往往要进行各种各样的表演。

如三月三日上巳节,唐玄宗和杨贵妃在芙蓉苑举行盛大的宴享活动。杜甫《丽人行》中对此就有所描述:"三月三日天气新,长安水边多丽人。"杨家姊妹一同参加宴享，整个曲江成了欢乐的海洋。

又如，在庆祝唐玄宗生日的千秋节上，祝寿节目林林总总。在雅乐、凯乐、燕乐一一表演之后，"百戏"纷纷出场。其中有个叫王大娘的，表演"戴竿"，惊险刺激，精彩异常。她顶着一百尺高的竹竿，上面有一个用木头制成的假山，"状瀛州方丈"。一个小孩迅速登上竿顶，在假山中穿来穿去，然后倒立在竿顶。王大娘顶着竿做起各种动作，竿顶小孩突然从竿顶落下，眼看就要着地，他却两手一伸，又稳稳地停在了竿上。大家欢声雷动。年仅十岁的神童刘晏"聪悟过人"，"玄宗召于楼上帘下，贵妃置于膝上，为施粉黛，与之巾栉"。此时，杨贵妃令刘晏咏王大娘戴竿，刘晏马上作诗，略云："楼前百戏竞争新，唯有长竿妙入神。谁谓绮罗翻有力，犹自嫌轻更著人。"张祜在《千秋乐》中咏叹道："八月平时花萼楼，万方同乐奏千秋。倾城人看长竿出，一伎初成赵解愁。"

公孙大娘穿着改造过的军装，表演《剑器舞》，也名震一时。很多年以后，杜甫还清晰地记得公孙大娘表演时的场景，故他在诗歌《观公孙大娘弟子舞剑器行并序》中写道："昔有佳人公孙氏，一舞剑器动四方。观者如山色沮丧，天地为之久低昂。"可见其表演是多么精彩。

同样精彩的还有马舞。一百匹训练有素的舞马，口衔酒杯，伴随着美妙的音乐翩翩起舞，最后又跪地向唐玄宗祝寿，并将杯中的美酒一饮而尽。

最神奇的是，"鸡神童"贾昌以斗鸡出尽了风头。贾昌是唐玄宗发现的斗鸡天才。唐玄宗有一个爱好，就是特别喜欢斗鸡。为啥喜欢斗鸡？因为他是乙酉年出生的，属鸡。当时长安周边地区有很多养鸡专业户，都把好鸡送进宫来。贾昌七岁的时候就能训斗鸡。他有一套办法，鸡一看见他，就乖乖地听他指挥。十三岁的时候，玄宗让他开始管理朝廷的斗鸡事务。

贾昌训鸡的办法非常高明，他把鸡指挥得服服帖帖的。据说唐玄宗过生日的时候举行娱乐活动，要看斗鸡比赛。贾昌一声令下，几百只鸡排着整齐的队伍来到皇帝面前。他一下号令，鸡就分成几队，开始斗了起来。他再一下号令，鸡的战斗马上停止。斗胜的鸡昂首阔步走在前面，斗败的则垂头丧气跟在后面，都乖乖地回到鸡房去。大家看了都觉得十分神奇。

因为贾昌善于斗鸡，所以得到了唐玄宗的宠信。贾昌的妻子姓潘，是唐玄宗和杨贵妃给他说合的。潘氏擅长舞蹈，杨贵妃对她非常好。也因为斗鸡这事，贾昌得到唐玄宗的赏识，变得越来越富贵。当时民间流传着这样的说法："生男不需识文字，斗鸡走马胜读书。贾家少年年十三，富贵荣华代不如。"意思是说，生下男孩子不必读书了，学斗鸡走马比学习文化知识更好。可见唐玄宗和杨贵妃的娱乐活动，在社会上有一种导向的作用。

三、锦衣玉食

杨贵妃爱美，为了吸引唐玄宗，她经常化妆换衣服。据说杨贵妃每天都要化妆，她有自己专门的化妆室。兴庆宫中的化妆室叫什么，文献中没有记载。华清宫中的化妆室叫端正楼。杨贵妃人长得很端正，所以化妆室称作端正楼。

除了化妆之外，杨贵妃还特别重视自己的头饰，经常改变花样。有人说杨贵妃是中国古代最早用假发来打扮自己的女性。因此，假发后来被称为"贵妃髻"或者"义髻"。

当然，杨贵妃也重视身上的衣服。唐玄宗为了满足她的需要，在宫中专门安排了一批能工巧匠给她做衣服。据说给她做刺绣的人就达七百人之多。

但是，杨贵妃并不以此为满足，她见唐玄宗喜欢道教，想羽化

唐代女装式样

登仙，喜欢《霓裳羽衣舞》，她就特别希望用鸟的羽毛来做羽衣。

史书记载说，杨贵妃爱翠。所谓爱翠，不是说她喜欢翡翠，而是说喜欢鸟的羽毛。过去太平公主曾嫉恨安乐公主的百羽裙，因为那个裙子就是用羽毛做成的，在不同的光线照耀下，羽毛裙可以变化出不同的色彩，非常神奇。现在杨贵妃也需要这样的东西。为了制作这样的裙子，唐玄宗经常派人去外面捕鸟，把各种长得漂亮的鸟捕来拔下羽毛，给她做羽衣。当时朝廷有人进谏，说这样做劳民伤财，残害生灵，唐玄宗才下令停止。

内外官吏都知道，只要讨得杨贵妃欢心，就能得到唐玄宗的赏识。因此，不少人悉心打听杨贵妃的嗜好，绞尽脑汁满足她的心愿。据说岭南经略使张九章和广陵长史王翼，搜罗当地精美特产献给贵妃，都升了官。张九章进银青阶，王翼也升为户部侍郎。[16]看到这种情况，不少官员趋之若鹜，竞相投其所好。特别是扬州、益州和岭南的地方官，千方百计地寻找能工巧匠，制作奇装异服，进献入宫。而杨贵妃则安然受之，过起了锦衣玉食的生活。

杨贵妃有一个特殊的嗜好，就是嗜食新鲜荔枝。荔枝产于巴蜀和岭南。白居易作《〈荔枝图〉序》云："荔枝生巴峡间，树形团团如帷盖。叶如桂，冬青。华如橘，春荣。实如丹，夏熟。朵如蒲萄，核如枇杷，壳如红缯，膜如紫绡，瓤肉莹白如冰雪，浆液甘酸如醴酪。"但荔枝水分多，且采摘之后不易保存。"一日而色变，二日而香变，三日而味变，四五日外，色香味尽去矣。"李肇在《唐国史补》中说：荔枝"南海所生，尤胜蜀者，故每岁飞驰以进"。但是岭南广州"在京师东南五千四百四十七里"，而剑南成都府"在京师西南二千三百七十九里"，[17]岭南路途险阻，驿骑不如剑南快捷。所以苏轼在《荔枝叹》的自注中说："唐天宝中，盖取涪州荔枝，自子午谷路进入。"胡三省针对司马光"妃欲得生荔枝，岁命岭南驰驿致之"

杨贵妃晓日荔枝香

的记载说:"自苏轼诸人,皆云此时荔枝自涪州致之,非岭南也。"显然,他是同意苏轼的说法的。

关于京师荔枝的进贡地点,欧阳修与司马光持岭南说,而白居易、苏轼则持巴峡说。清道光《宁陕厅志·古迹》(道光九年刻本)记载:"唐杨贵妃嗜荔枝,缘道置驿,自涪陵至达川超西乡路入子午谷,七日至长安,香色不变。"康熙《洋县志》(康熙三十三年刻本)、道光《西乡县志稿》(道光八年刻本)略同。无论走哪条路,把剑南或岭南的荔枝送至京师,道路均远至上千里。唐代交通较前代堪称发达,但当时的运输条件与现在有天壤之别,要将荔枝从千里之外运至长安而保持色香味不变,的确是一件非常难办的事情。限于当时的交通以及传驿制度等条件,新鲜荔枝的传送无疑是劳民伤财的事。

如何将荔枝运往长安而又能保持新鲜呢?据说有一种办法,"先是将快要成熟的荔枝树整棵连根带土挖出来,培植在大缸内,使其继续生长,再用船快速运往长安,然后计其成熟程度,算好天数,摘下荔枝,派人快马加鞭,如期送到杨贵妃手中"[18]。杜甫有诗云:"侧生野岸及江浦,不熟丹宫满玉壶。云壑布衣鲐背死,劳生害马翠眉须。"更有为人所熟知的杜牧诗说:"长安回望绣成堆,山顶千门次第开。一骑红尘妃子笑,无人知是荔枝来。"可见,杨贵妃爱吃荔枝虽是个人爱好,但由于唐玄宗的宠爱,已经到了劳民伤财的地步。

杨贵妃还喜欢养宠物。岭南进贡了一只白鹦鹉,非常聪慧,善记言词。杨贵妃把它称作"雪衣女",教它背诵诗词,几遍就会了。贵妃很高兴,经常把它带在身边。据说这只鹦鹉还善解人意,当玄宗与别人博戏快输的时候,它就会飞到棋盘上捣乱,啄对方的手,或者把棋局搅乱。贵妃怕它受到鹰的伤害,就请示玄宗,派人教它背会《多心经》。没想到雪衣女后来在随玄宗打猎时,还是被一只鹰啄死了。唐玄宗和杨贵妃非常痛惜,将它郑重地埋在了皇家的禁苑中,并将它

懿德太子墓线刻画之逗鸟图

的墓称作"鹦鹉冢"。[19]

唐玄宗和杨贵妃在物质生活方面追求奢华,会造成一种什么样的影响呢?影响当然是消极的。首先是增加了劳动人民的负担,其次是加速了唐玄宗的腐败。

唐玄宗曾经是一位励精图治的帝王。他是开元盛世的促成者。他在开元年间提倡一种简朴的社会风气。为了防止腐败,他甚至把珠玉锦绣毁于殿前,让大家知道他不爱这些东西,这些东西对他来说,就像粪土一样,并要求大家都要像他一样,不要去追求物质享受。

可是,现在的情况不同了。为了满足杨贵妃,他开始讲究排场,讲究奢华。他不是把主要精力用在处理朝政方面,而是用在了娱乐方面。他们追求奢华的作风,在当时社会上起了很坏的作用。

四、纸醉金迷

天宝后期,杨贵妃与唐玄宗形影不离。阳春三月,他们在御苑里赏花演艺。一曲奏毕,诸王、公主、外戚们纷纷献上奇珍异宝,表示祝贺。盛夏时节,他们在兴庆宫的水殿里避暑,妃嫔们凭栏观看水中雌雄鸟儿相戏,玄宗抱着贵妃对妃嫔们说:"尔等爱水中鸂鶒,争如我被底鸳鸯。"[20] 七夕来临,他们在宫中设宴,与宫女们观看天上的牛郎织女星,捉蜘蛛做游戏。八月五日千秋节,为玄宗过生日。然后过中秋,去华清宫游乐。可以说,他们的大部分时间都是在灯红酒绿中度过的。

杨贵妃的宠遇对外戚势力有很大的影响。除杨贵妃外,杨家兄弟姐妹也都过上了豪华的生活,其奢华程度也令人瞠目结舌。不仅如此,他们甚至虚张声势,招摇过市,巧取豪夺,横行霸道。

杨氏家族经常在大庭广众之下炫耀自己的权势,如每年十月唐玄宗去华清宫的时候,杨氏家族就要大造其势。杨国忠以剑南节度使开纛,与杨铦、韩国夫人、虢国夫人和秦国夫人分队而行。每家一队,穿着不同的服饰，乘坐装饰华丽的彩车，或乘骑装饰华贵的名马，鱼贯而行，光彩焕发，令人称羡。

他们还仗势欺人，经常干一些出格的事。如虢国夫人非常富有，她看上了已故宰相韦嗣立的豪宅，就想据为己有。她带着数十个侍从来到韦家门前，笑呵呵地对韦氏诸子说："闻此宅欲卖，其价几何？"韦氏诸子说：根本没有这回事，这是先人留下的私宅，我们不卖。就在说话之间，几百个工徒已经开始拆迁重建起来了，最后只给了韦家十几亩空地作为补偿。

还有秦国夫人，她平时不显山不露水，有时候也阔气得很。比如有一次，唐玄宗带着杨贵妃在上面演奏乐曲，演得很高兴。秦国夫人在下面看，看得很高兴。演完后，唐玄宗走到秦国夫人面前，鞠了一个躬说："阿瞒（玄宗小名）是乐伎，今日专供夫人，请一缠头。"意思就说：我是一个乐工，今天专门为你表演，请给我赏钱吧。然后秦国夫人说："岂有大唐天子阿姨无钱用耶？"当时她自称阿姨，说天子的阿姨还缺钱吗？马上就叫人拿来几百万钱赏给大家。

有时候，他们无法无天，竟到了侮辱皇亲的地步。天宝十载元宵节，杨氏五宅夜游灯市，与广平公主的人马相遇。双方争过西市，

长安韦氏家族墓壁画《野宴图》

互不相让。杨氏家奴挥鞭抽打，公主受惊落马，驸马程昌裔扶公主时，被打了数鞭。公主哭诉于玄宗，玄宗令依法杖杀杨氏家奴，同时下令免了程昌裔的官职，以安慰杨氏。由此可见，其气焰嚣张到了什么程度！

注释

[1]《资治通鉴》卷二一五，玄宗天宝二年十月条，胡三省注。

[2]《廿二史札记》卷二〇。

[3] 据《玉海》卷一五八，"华清"之得名，取"温泉毖涌而自浪，华清荡邪而难老"之意。

[4]《唐语林》卷五。

[5] 参见马正林：《唐代华清宫的盛衰》，载《人文杂志》1984年第1期。

[6]《旧唐书》卷一三五《裴延龄传》。

[7] 参见《资治通鉴》卷二一七，玄宗天宝十四载七月条。胡三省为此引《津阳门诗》注曰："宫内除供奉两汤外，内更有汤，十六所长汤，每赐诸嫔御。"指出"太子汤"在供奉汤的"次西"，"宜春汤"又在其"次西"。

[8]《资治通鉴》卷二一七，玄宗天宝十四载七月条，胡三省注。

[9]《唐语林》卷五。

[10]《明皇杂录》卷下。

[11]《唐语林》卷五。

[12]《旧唐书》卷四四《职官志三》。

[13] 参见武伯纶：《唐代长安的东南隅》，见武伯纶：《古城集》，三秦出版社1987年版，第32页。

[14]《石渠宝笈续编·养心殿藏第二》云：该图为绢本，长五尺三寸五分，宽三尺四寸五分，原藏斋宫。有乾隆四十三年（1778）御书数行。鉴藏宝玺八玺俱全，又盖有"古希天子五福五代堂古稀天子宝"和"寿八徵耄念之宝"。北平故宫博物院古物馆所编《故宫周刊》第十七期中有影印件。

[15] 关于芙蓉苑的位置，文献中有南岸、东岸、西岸等不同说法。从夹城的位置和曲江一带的地形来看，当以东岸说为是。

[16] 参见《新唐书》卷七六《杨贵妃传》。

[17]《旧唐书》卷四一《地理志》。

[18] 袁英光、王界云：《唐明皇传》，天津人民出版社1987年版，第301页。

[19] 参见《明皇杂录》逸文；《事文类聚》后集卷四〇。

[20]《开元天宝遗事》卷下。

第九讲　外戚乱政

俗话说，"一人得道，鸡犬升天"，杨贵妃得到了唐玄宗的专宠，杨氏外戚也跟着受到唐玄宗的恩宠。著名诗人白居易在《长恨歌》中就说："姐妹兄弟皆列土，可怜光彩生门户。"也就是说在天宝年间，杨贵妃的娘家人跟着杨贵妃沾了不少光。天宝年间是唐王朝由盛到衰转变的关键时期。在这个时期，唐玄宗重用杨贵妃的远房哥哥杨国忠。杨国忠权倾朝野，胡作非为，最终导致安史之乱，将唐王朝一步步推向深渊。那么，杨国忠专权乱政，和杨贵妃有没有关系呢？杨国忠是如何发迹的？他都做了哪些祸国殃民的事？

杨贵妃专宠期间，杨氏外戚的确受到唐玄宗的恩宠，杨铦、杨锜、韩国夫人、虢国夫人、秦国夫人五家成了皇家的常客，四方进奉，每家分赐一份，中使传送，往来不绝。杨氏外戚凭借唐玄宗对杨贵妃的恩宠，或与皇室成员通婚，或攫取经济利益，或参与政治活动，"恩宠声焰震天下"[1]，成为地位显赫的暴发户。因此，当时民谣有"君今看女作门楣"之说。白居易在《长恨歌》中咏道："姐妹兄弟皆列土，可怜光彩生门户。"可以肯定，在天宝年间，杨贵妃的娘家人是外戚势力的代表。从历史的角度来看，天宝年间是唐王朝由盛到衰转变的关键时期。在这个时期，唐玄宗"委政妃宗"，把大权交给杨钊（即杨国忠），闹出了外戚乱政的事。

一、杨钊发迹

杨钊曾表白说："某家起于细微，因缘椒房之亲，以至于是。"[2]椒房，是皇帝后妃的代称。也就是说，他是靠杨贵妃的亲属关系，才爬上富贵地位的。那么，杨钊是怎样利用"椒房之亲"的呢？要弄清这个问题，还得从杨钊的早期经历说起。

杨钊的祖父与杨贵妃的祖父是兄弟。因此，他与杨贵妃是从祖兄妹，亲属疏远，按照古代的五服制度，属于远亲。杨钊的父亲杨珣，一生没有当过什么大官；母亲张氏，是武则天宠臣张易之的妹妹。杨钊的舅父张易之在武周时期影响很大，但在武周末年被杀，名声不好，对他没有起到一点帮助作用。

杨钊精明机灵，但从小不肯努力读书，喜欢饮酒与赌博，因此欠了债，受到乡里宗族的鄙视。到了而立之年，仍一事无成。迫于无奈，发愤到四川从军。"益州长史张宽恶其为人，因事笞之，竟以屯优授新都尉。"[3]张宽看不起杨钊，把他打了一顿。没想到杨钊幡然悔悟，得到了新都尉的官职。

新都尉就是新都县尉。新都县在成都之北，离杨玄琰当官的蜀州不是太远。史载杨玄琰死于蜀州，杨钊曾经"护视其家，因与妹通，所谓虢国夫人者"[4]。也就是说，杨玄琰死后，杨玉环兄妹尚未成人，杨钊曾监护其家，结果与杨玉环的二姐产生了暧昧之情。这是他后来发迹的跳板。

杨钊喜欢赌博，在成都聚赌，输光了家产，穷困潦倒。蜀地富商鲜于仲通看中了他的江湖能力，慷慨资助，使他渡过了难关。后来，他跑到关中，当了扶风县尉。因这官当得不顺心，他再次回到四川，依附于富豪鲜于仲通门下。不久，他娶蜀倡裴柔为妻，生养了儿子。几年后，时来运转，他终于有了出头之日。

杨钊命运的转变，的确与杨玉环有关。杨玉环在开元二十九年（741）出家入道，成为唐玄宗的太真妃。天宝四载（745）八月，唐玄宗册杨太真为贵妃。皇恩所及，杨玉环的兄弟姐妹都跟着沾了光，唯独杨钊没有得到好处。推恩之时，为什么恩及杨铦、杨锜而不及杨钊呢？因为杨钊是贵妃三代之外的亲属，作为从祖兄，关系疏远。但是，杨钊毕竟与杨玉环是有亲属关系的。他还是利用这种关系，为自己谋到了好处。这究竟是怎么回事呢？

原来，剑南节度使章仇兼琼与大权在握的权臣李林甫格格不入，为自己的政治前途发愁。当他获悉杨玉环受宠的消息后，不由眼前一亮，就托鲜于仲通到长安打通杨玉环的关节，希望得到政治支持。鲜于仲通向他推荐了杨钊，章仇兼琼见杨钊人长得机灵，能说会道，又与杨玉环是亲戚，就委任杨钊为"推官"，以贡献"春绨"为名，前往长安。杨钊临行前，章仇兼琼告诉他："郫有一日粮，君至，可取之也。"杨钊到郫县一看，哪里是一日粮啊，分明是蜀地出产的价值百万的财货！杨钊心里明白，章仇兼琼给他这批财货目的是什么，心里十分高兴。十月初，杨钊抵达长安。他找到了杨氏诸妹，分送了大量精美的蜀货。后经虢国夫人介绍，见了杨贵妃。在送礼品的过程中，一方面是叙旧情，另一方面表达了章仇兼琼的意思。

俗话说得好，"吃人的嘴软，拿人的手短"。杨氏兄妹拿了人家的东西，收了人家的礼品，当然就要替人家说话。所以，杨贵妃、韩国夫人、虢国夫人见到唐玄宗，就在玄宗面前夸赞杨钊，说有个远房亲戚杨钊，非常聪明能干。他善于樗蒲。樗蒲，也叫五木之戏，是一种带有赌博性质的游戏。唐玄宗很喜爱这种游戏，经常在宫中玩，觉得宫人玩得不好，听说杨钊玩得好，就把他召进宫来，让他来计数，就是玄宗他们玩的时候让杨钊计数。结果杨钊"钩校精密"，分毫不差。唐玄宗心里就非常高兴，说这个人的脑子这么好使，于是对他产生了好感。

因为杨钊是杨贵妃的远房亲戚，又因"樗蒲"的本领受唐玄宗喜欢，所以玄宗索性就给他一个京官当，叫作金吾兵曹参军。这虽然是一个八品的小官，但是，他能够出入宫中，容易见到皇帝。所以，这对杨钊来说是一个非常好的事情。

当然，杨钊进朝的目的，主要是为章仇兼琼办事，而杨贵妃和她的姐姐们在唐玄宗面前也说了章仇兼琼的好话。因此，唐玄宗就把章仇兼琼从剑南调入京城，让他当了户部尚书兼御史大夫，成为朝中一个重要大员。

虽然杨钊的官并不大,但容易接近天子。由于他熟谙经济之道,所作簿书,计算精密,可以达到分毫不差的程度,因此,唐玄宗看了很喜欢,称赞他是个"好度支郎"。不久,玄宗任命他为御史中丞王鉷手下的判官。

由此可见,杨钊能在京师做官,无疑是"因缘椒房之亲"。如果没有杨贵妃的关系,他绝对不可能出入禁宫,更无缘得到唐玄宗的赏识。但是,他后来步步高升,在政治舞台上扮演越来越重要的角色,却与杨贵妃没有多少关系。为什么这样讲呢?因为杨钊后来的发展,主要是靠他自己的智慧,杨贵妃并没有给他帮什么忙。

二、林甫失势

杨钊入京任职,本来走的是杨玉环的门路,与权臣李林甫没有什么关系。但李林甫看到杨贵妃受宠,杨钊又是她的亲戚,办事精干,可以为己所用,便有意将他拉拢过来,作为自己打击政敌的工具。而杨钊,对于一手遮天的李林甫当然有畏惧之心,但畏惧之余,也很想去巴结他,心甘情愿地充当他的爪牙,以期得到他的援助。于是,二人一拍即合。在以后的几年中,杨钊积极配合李林甫,打击韦坚、杨慎矜及太子李亨等人。在这个过程中,他充分施展其混迹江湖的伎俩,摸透了李林甫的底细。同时,通过虢国夫人等所提供的信息,也弄清了唐玄宗的好恶。

由于唐玄宗的赏识和李林甫的帮助,杨钊的地位迅速提升。天宝五载(746)以后,杨钊被授予监察御史,又迁检校度支员外郎,兼侍御史,监水陆运及司农、出纳钱物、内中市买、召募剑南健儿等使。由于善于迎合唐玄宗和李林甫的意志,聚敛有功,杨钊一年之内就兼领十五余使。到天宝七载(748)六月,又迁给事中,兼御史中丞,专判度支事。他就像一颗财政新星,冉冉升起。他采用比宇文融、韦坚、杨慎矜、王𫓧更激进的方法，大肆聚敛钱财，以供唐玄宗挥霍享用。天宝八载（749），唐玄宗率文武百官参观左藏库，看到财货堆积如山，应有尽有，不由喜上眉梢，赐杨钊紫衣金鱼袋，以表彰他的聚敛之功。次年，又让他兼任兵部侍郎。杨钊说图谶上有"金刀"两个字，自己名"钊"，不好，请皇帝改一改，唐玄宗便赐名曰"国忠"。从此，杨钊便成了"杨国忠"。论亲疏关系，杨国忠根本比不上杨铦、杨锜。但是，杨铦、杨锜并没有像杨国忠这样在官场上飞黄腾达。究其原因，就是他们在政治上的才能远远比不上杨国忠。在唐玄宗的心目中，杨钊是"忠"于"国"，"能富国"的，因此对他越来越宠信。在这种情况下，杨国忠就产生了取代李林甫的雄心。

李林甫在政敌一一倒下之后，志得意满，但他也常担心自己的生命安全。为防刺客，他给自己配备了精锐的保镖，连公卿大臣在路上遇到他都要回避。为了确保自己的官位，防止有人出将入相，他建议边将由少数民族人员充任。为了确保唐玄宗对他的信任，他对朝臣采取高压政策，要求他们只报喜不报忧，禁止他们向皇帝进谏。他对谏官们说："明主在上，群臣将顺不暇,亦何所论？君等独不见立仗马乎，终日无声，而饫三品刍豆；一鸣，则黜之矣。后虽欲不鸣，得乎？"[5]意思是要求谏官闭嘴。从此谏诤之路断绝。在李林甫看来，他的权势稳如泰山，但他没有想到，他的"马仔"杨国忠已经准备向他下手。

李林甫像

杨国忠身兼十五余使，权势迅速上升，曾引起李林甫的警觉。他担心自己会失去对这个有杨贵妃和唐玄宗做后台的人物的控制，但当他看到杨国忠在他面前表现出毕恭毕敬的态度，就放松了警惕。然而，算无遗策的李林甫这次彻底失算了。杨国忠表面上对他低眉顺眼，实际上早已与他"同床异梦"。当杨国忠了解到李林甫的真实想法后，便嗤之以鼻。他认为，李林甫当宰相的时间太长了，早该下台了。与其在他手下低三下四，或被他收拾，还不如取而代之。为夺取李林甫的相权，杨国忠采取了三个具体的步骤。

第一步，釜底抽薪。

为了扳倒李林甫，杨国忠首先在暗中寻找同盟。他发现吉温不仅是一个青面獠牙的酷吏，而且是一个足智多谋的打手，便主动与他接近。而吉温与杨国忠一样，也对李林甫虎视眈眈。他看穿了杨国忠的心思，就积极出谋划策。于是二人把夺权的想法变成了行动。他们决定首先从李林甫的左膀右臂开刀，以贪赃的罪名，将李林甫的心腹京兆尹萧炅贬为汝阴太守，将御史中丞宋浑流放到潮阳郡，以动摇李林甫的政治基础。这一招果然灵验，李林甫眼看着心腹被逐，却无力相救。

第二步，挫其权势。

由于李林甫执政过久，树敌太多，特别是由于杨国忠的挑战，朝臣们也开始试图改变他一手遮天的局面。

天宝十一载（752）初，各地市场上恶钱涌出，江淮之间尤为严重。一些富商大贾和贵戚豪族按一比五的兑换率换取恶钱，拿到长安两市行用，造成京师物价飞涨，老百姓怨声载道。面对这种情况，身为首席宰相的李林甫不得不采取应急措施，从国库中拿出储备调换恶钱，并下令禁止恶钱。这种做法使手持大量恶钱的人面临破产，他们大发牢骚，抱怨政府。杨国忠看到这种情况，立即向唐玄宗汇报，并指出李林甫的做法欠妥。唐玄宗害怕引起社会动荡，下令除铅锡所铸造及穿穴之钱外，任其流通。这实际上是否定了李林甫的换钱措施，并使李林甫威信有所下降。

常言道：福无双至，祸不单行。李林甫还没有从"恶钱事件"中醒过神来，他推荐的朔方节度副使阿布思反叛，又给他带来了很大的麻烦。杨国忠等人便以此为口实，再次向李林甫发难。

阿布思本为突厥族首领，他见唐朝强盛，便率众内附，被安置在朔方军辖区。唐玄宗还给他赐了姓名，叫李献忠。李林甫为抓军权，申请遥领朔方军节度使，因他不能亲赴朔方，就推荐阿布思做了副将，具体负责朔方的工作。有一天唐玄宗心血来潮，决定将阿布思及其部众调至幽州。幽州是安禄山的防区，阿布思与安禄山有仇，去了怕被吞并，不去便是抗旨。在进退维谷的情况下，他索性背叛朝廷，率部回到碛北，并不断骚扰边境。唐玄宗非常愤怒，派北庭都护程千里率兵讨伐。最后阿布思等被押至长安，在朱雀街斩首示众。[6]

阿布思的背叛，表明李林甫严重失职。他不得不引咎辞去朔方节度使的职务。杨国忠利用李林甫受挫之机请求唐玄宗为其舅父张易之兄弟平反昭雪，同时得到了剑南节度使的职位。对此，李林甫看在眼里，恨在心上，但没有什么办法。

第三步，落井下石。

在李林甫江河日下之际，原先靠巴结李林甫而走运的王鉷也开始不把他放在眼里。王鉷身兼二十余职，颇受唐玄宗重用，在李林甫面前表现出盛气凌人的样子。李林甫为了对付杨国忠，强压心中的怒火，欲继续将王鉷留在自己的阵营中。但他没有想到，王鉷也出了问题。他与同父异母弟王銲将术士任海川叫到家中看相，问他们的脸上有没有王气。任海川吓得魂飞魄散，回家后藏起来不敢见人，王鉷害怕泄密，就把任海川杀了。安定公主之子韦会听到此事，也被王鉷灭口。后来王鉷与其友邢缙密谋发动政变,屠杀朝中政要。事前走漏了风声,唐玄宗令王鉷围捕乱党,王鉷迟迟不肯行动,直到黄昏才下达出兵命令。最后政变被平息。杨国忠认为王鉷是同谋,唐玄宗不信。后来追查出任海川及韦会被杀之事,唐玄宗才下令杖杀王銲,令王鉷自尽。

王鉷一死,李林甫便成了孤家寡人。杨国忠接收了王鉷的全部职务,其权势已与李林甫相差无几。杨国忠趁热打铁,联系被李林甫压制的陈希烈、哥舒翰等人共同弹劾李林甫,说他与王鉷兄弟私交甚厚,又说阿布思的叛变也与他有一定的关系。唐玄宗虽然没有追究此事,但开始疏远李林甫了。看到杨国忠日见重用,李林甫又急又气又恨,精神不振,不久便染上了重病。巫士对他说,此病不需用药,只要能与天子见上一面,自然就好了。玄宗听到这个消息,念李林甫的旧情,欲前往李府探视。朝臣们早对李林甫恨之入骨,都劝玄宗不要前往。玄宗想了个折中的办法,登上降圣楼,手持红巾向李府挥了几下,以表示慰问。李林甫病入膏肓,无法跪拜,只能让家人代为行礼。玄宗知道,李林甫当权的时代已经结束。

天宝十一载十月,李林甫病情急剧恶化。杨国忠故意到李林甫私第探望。李林甫看到杨国忠,知道自己彻底失败了。他"垂涕托后事",对杨国忠说:"林甫死矣,公必为相,以后事累公!"希望杨国忠看在当初提拔他的分上,关照一下他的后事。杨国忠汗流满面,连称不敢担当。十一月,李林甫一命归西。李林甫当了十九年宰相,颇有驭众之才,治事有条不紊,但他利用唐玄宗厌倦政事的心理,独断专行,不可一世,为了巩固自己的权势,绞尽脑汁,架空玄宗,拒谏饰非,诛逐贤良,害人无数,结果吏治腐败,造成了严重的社会危机。因此,对于他的死,不少人拍手称快。

十一月庚申,杨国忠如愿以偿,代李林甫为右相(即中书令),

兼文部（即吏部）尚书。这是天宝后期政局的重大变化。唐玄宗依旧不想亲理政事，故将行政大权交给了杨国忠。杨国忠为了树立自己的威信，决定对李林甫进行彻底清算。天宝十二载（753）正月，他派人诬告李林甫生前曾与阿布思约为父子，企图谋反。玄宗信以为真，下令立案侦查。李林甫的女婿杨齐宣害怕受牵连，附会杨国忠的意图做了假证。二月，玄宗下制削李林甫官爵，指责李林甫"外表廉慎，内怀凶险，筹谋不轨，觊觎非望。昵比庸细，潜害忠良，悖德反经，师心蕴憝"[7]。当时，李林甫棺材尚未下葬，玄宗派人去剖棺，拿走他嘴里含着的宝珠，剥去他身上的紫衣金鱼袋，更换小棺，如庶人礼葬之。李林甫虽劣迹斑斑，但"及国忠诬构，天下以为冤"[8]。也就是说，时人本来对李林甫没有好感，但看到剖棺改葬的做法，反而觉得李林甫有点冤枉。

三、国忠乱政

杨国忠虽然精明强干，有一定的理财经验，但并没有什么政治才能。李林甫"在相位十九年，养成天下之乱"[9]。杨国忠与李林甫之间有矛盾斗争，但他在相位期间，基本继承了李林甫时代的弊政，其腐败程度比李林甫有过之而无不及，故史称"杨国忠终成其乱"[10]。从"养成天下之乱"到"终成其乱"，说明天宝弊政有一定的延续性。那么，杨国忠是怎样促成天宝乱政的呢？

首先，独断专行，一手遮天。

杨国忠取代了李林甫的相位，同时也取代了他的地位。尽管杨国忠并没有李林甫那样的政治才干，但因为有唐玄宗的宠信，在主持中枢后，很快受到阿谀奉承之徒的追捧。有识之士实在看不过眼，出来说几句不同的话，马上受到众人的排挤。杨国忠看到这种情况，更加不可一世。

史载："国忠为人强辩而轻躁，无威仪。既为相，以天下为己任，裁决机务，果敢不疑；居朝廷，攘袂扼腕，公卿以下，颐指气使，莫不震慑。"[11]他效法李林甫的执政方法，身兼四十余职，独断专行，果敢不疑。又载："杨国忠天宝中为司空右相时天下殷盛，玄宗注意事边，赋税之入，兵食之调，国忠拣老习计簿吏，军国大务皆其手，国忠但署名而已，不复省览。"[12]

为了达到垄断政权的目的，他采用欺下瞒上的措施，常对公卿百官指手画脚，并断绝唐玄宗与外界的联系。他暗示朝臣向玄宗只报喜不报忧。如果有谁胆敢说出实情，必然会遭到他的处分。如关中地区因发生了严重的旱涝灾害而出现了饥荒，杨国忠不开仓救济，玄宗对此表示忧虑，杨国忠弄虚作假，献上一些长势良好的禾苗，说粮食不会歉收，请皇帝放心。扶风太守房琯上奏说他的辖区发生水灾，杨国忠马上责令御史对他进行审问，吓得地方官再也不敢上报灾情。玄宗见外面淫雨纷纷，问高力士灾情如何。高力士回答说："自陛下威权假于宰相（指杨国忠），法令不行，灾眚备于岁时，阴阳失度，纵为轸虑，难以获安，臣不敢言，良有以也。"玄宗听了，"久而不答"。[13]他知道杨国忠在骗他，但他老了，还要靠杨国忠替他办事，只好得过且过。

其次，用人唯资，顺昌逆亡。

为了笼络人心，杨国忠在用人方面采取了按资历补官的办法，完全不去考虑品行和才能。史载，天宝十一载杨国忠当右相不久，就建议"文部选人，无问贤不肖，选深者留之，依资据阙注官"。这样做，显然是为了收买人心。由于"国忠凡所施置，皆曲徇时人所欲，故颇得众誉"[14]。那些碌碌无为的官吏靠着资历有了提升，自然对他感恩戴德，称颂不已。

除按资历选官外，杨国忠还改变了过去长期以来形成的铨选程序。唐制，选官由吏部侍郎以下的官员具体负责，须经"三注三唱"，从春季到夏天才能完成。但是,天宝十二载正月,杨国忠召集左相陈希烈以及给事中、诸司长官,在尚书都堂唱注选官。一天之内,铨选完毕。他不顾谬误百出的事实,宣布铨选一致通过。从此门下省不再审核选官,文部侍郎也只是管"试判"而已。他的亲信鲜于仲通等人暗示那些得官的选人在中书省树立颂德碑,赞美杨国忠的杰出才干。通过这种方法,从中央到地方的要害部门,基本上都被杨国忠选出的人把持了。

为了确保自己大权在握,杨国忠还坚持"顺我者昌,逆我者亡"的信条,甚至连左相陈希烈也不放过,找碴把他排挤出相位,而以韦见素代之。韦见素"不敢议政,唯自容而已"[15],其他人更不敢提什么意见了。

此外,杨国忠还利用手中的权势,公然干预科举考试。天宝十二载十月,他随从唐玄宗在华清宫避寒。他的长子杨暄参加"明经"考试,结果不及格。礼部侍郎达奚珣叫自己的儿子达奚抚先去给杨国忠打个招呼。杨国忠见到达奚抚,以为儿子已经中选,面有喜色。达奚抚说:家父让我告诉大人,杨暄不及格,但不敢让他落榜。杨国忠立刻变脸,怒骂:"我子何患不富贵,乃令鼠辈相卖!"然后策马而去。达奚抚惶惶不安,只好写信给在长安的父亲,说:"彼恃挟贵势,令人惨嗟,安可复与论曲直!"[16]达奚珣屈于权贵,为保官帽,只好把杨暄置于上等,让他高中金榜。其徇私舞弊,于此可见一斑。

再次,疯狂聚敛,贪得无厌。

为了满足日益扩大的宫廷消费,杨国忠发展了天宝初以来的聚敛政策。正如苏辙所说:"〔宇文〕融既死,而言利者争进。韦温、杨慎矜、王𬭚日以益甚,至杨国忠而聚敛极矣。故天宝之乱,海内分裂,不可复合。"[17]杨国忠以聚敛称职,得到玄宗的提拔,因而他以聚敛为能事,其疯狂程度远远超过了杨慎矜和王𬭚等人。

杨国忠是怎样聚敛的呢？他向唐玄宗建议，把征丁租地税变为布帛，送到京师。结果，左藏库布帛堆积如山。史载，"国忠既专钱谷之任，出入禁中，日加亲幸"[18]。杨国忠的聚敛为统治者穷奢极欲提供了有力保证。唐玄宗以国用丰衍，视金帛如粪土，赏赐无度。杨贵妃的哥哥杨铦及三个姐姐就曾多次得到唐玄宗赏赐的财物。

杨国忠不仅为国聚敛，为唐玄宗聚敛，也为自己聚敛。他利用职权之便，中饱私囊，"中外饷遗辐凑，积缣至三千万匹"。他的人生信条是趁着富贵及时行乐，因此个人生活骄奢淫逸，非常糜烂。他用沉香木盖楼阁，用檀香木做栏杆，用麝香、乳香和泥粉墙，壮丽程度超过了兴庆宫中的沉香亭。他冬天把白檀木排成炉底，以炭屑与蜂蜜相拌做成燃料，使房间里香气四溢，温暖如春。有时候晚上睡觉嫌冷，就选一些肥胖的婢女围坐在床前，为他遮挡寒气，称之为"肉阵"。[19]

杨氏子弟在他的引导下，都极力追求享乐，表现出一副"土豪"的神态。初春时节，他们到处收集名花异卉，放置在一个特制的木槛中，称为"移春槛"，在大车上搭建彩楼，让伶人在彩楼上吹箫奏乐作为引导，让仆人拉着移春槛与他们一起游春。盛夏时节，他们令工匠将冬天所藏的冰凿成冰山，放在宴席上降温，或者将冰雕成龙凤图形，饰以金环彩带，送给王公大臣。而朝臣们为了巴结他们，也争先恐后地给他们送礼，腐败之风与日俱增。

通过以上的讲述，大家可以清楚地看出，杨国忠与李林甫虽有矛盾，但在本质上并无二致。李林甫专权十九年，已种下了祸根。杨国忠用事数年，把一切弊端集中起来，结果"终成其乱"。由于"李林甫、杨国忠用事，纲纪日紊"，当时不少有识之士已预感到"天下将乱"。[20]早在天宝十一载杨国忠刚当上右相之时，就有人劝陕郡进士张彖投靠右相，而张彖却回答说："君辈倚杨右相如泰山，吾以为冰山耳！若皎日既出，君辈得无失所恃乎！"[21]然后就跑到嵩山隐居了。退休宰相张九龄也对人说："今时之朝彦，皆是向火乞儿，一旦火尽灰冷，暖气何在？当冻尸裂体，弃骨于沟壑中，祸不远矣。"[22]天宝十三载（754），方士金梁凤预言："玄象有变，半年间有兵起"[23]。这说明，天宝时期的乱象已经是有目共睹了。

　　天宝乱政始于李林甫，成于杨国忠。其中外戚杨国忠所起的消极作用比李林甫更大。

　　在中国古代，外戚往往自恃宫掖之宠，骄侈弄权，最后难免身败名裂的下场。唐玄宗即位之初，听从政治家姚崇的建议，吸取汉代外戚专权的经验教训，严防外戚势力的发展。开元年间，"法行近亲，里表修敕"，尚无外戚干政之事。故宋代史学家王溥说："玄宗即位，大加惩革，内外有别，家道正矣。"[24]但到了天宝年间，随着对杨贵妃的专宠，唐玄宗对外戚的态度发生了从防微杜渐到纵容娇惯的变化，把"刻肌刻骨"的"殷鉴"抛到了九霄云外，大力扶植外戚势力，"委政妃宗"，使杨氏家族势力恶性膨胀，最终形成了外戚乱政的局面。

　　唐玄宗为什么会重用杨国忠呢？是不是主要看杨贵妃的面子呢？不是！从有关资料来看，杨国忠的发迹，确实是利用了杨贵妃的宗亲关系。但是，后来唐玄宗之所以重用杨国忠，主要是看中了他的经济才干。杨国忠精明强干，善于钻营。唐玄宗曾多次表扬过杨国忠，如在《授杨国忠右相制》中，赞扬他"纯粹精明，悬解虚受"，并希望他"弥纶经济，同致雍熙"。杨国忠能够战胜老谋深算的李林甫，说明他不是等闲之辈。尤其是杨国忠善于聚敛，这才是唐玄宗"权假宰相"的根本原因。如果没有杨国忠的聚敛成果，唐玄宗歌舞升平、纸醉金迷的生活是无法维持下去的。由此可见，导致杨国忠专权的主要人物是唐玄宗。

　　那么，杨国忠之乱政与杨贵妃有没有关系呢？从大量资料来看，杨国忠登上政治舞台以后，基本上与杨贵妃没有多少联系。他在天宝年间的所作所为，也与杨贵妃没有多少关系。

仔细考察杨国忠与杨贵妃的关系，可以看出他们相处得十分平淡。小的时候他们并不相识，直到天宝四载杨贵妃受册之后，两人才第一次见面。后来杨贵妃深居内宫，与宰相与其他大臣很少接触。十余年间，除了共同参加家族欢宴或宫廷娱乐之外，杨贵妃与杨国忠很少往来。据文献记载，杨贵妃第二次出宫时，杨国忠曾托吉温帮忙。此后，杨贵妃在政治上帮过杨国忠一次：天宝十一载冬，杨国忠将赴蜀，在临行之前，"上言必为林甫所害，贵妃亦为之请"。[25]杨贵妃虽然"智算过人"，聪明机智，但她对政治不感兴趣，更没有玩弄权术的欲望。可以说，天宝时期的弊政，没有一条是她出的坏主意，她也没有利用自己的特殊地位对杨国忠产生什么影响。因此，天宝乱政主要不是"乱"在杨贵妃身上。

杨国忠与杨贵妃的姐姐虢国夫人往来密切。天宝年间，虢国夫人宅居宣阳坊，杨国忠也"于宣义里构连甲第，土木被绨绣，栋宇之盛，两都莫比"[26]。由于暧昧关系的特殊性，虢国夫人对杨国忠的影响远远超过了杨贵妃。史载："虢国居中用事，帝所好恶，国忠必探知其微，帝以为能，擢兼度支员外郎。迁不淹年，领十五余使，林甫始恶之。"[27]这表明，性格豪荡的虢国夫人，扮演了沟通内宫与外朝的角色。尽管杨国忠说他"因缘椒房之亲"，实际上杨贵妃对他的影响是很有限的。从某种程度上讲，还比不上虢国夫人。

当然，杨国忠造成的天宝乱政，是给杨贵妃带来了不少的麻烦。因为很多人认为，杨国忠是靠裙带关系上去的，他们把天宝乱政的根源安在了杨贵妃的身上。所以在后来安禄山发动叛乱的时候，就打出了诛杨国忠的旗号，同时对杨贵妃也多有指责。安禄山是个胡人，他与杨贵妃有什么关系呢？他为什么指责杨贵妃？又给杨贵妃带来了哪些麻烦呢？

注释

[1]《新唐书》卷七六《杨贵妃传》。

[2]《明皇杂录》卷下。

[3]《旧唐书》卷一〇六《杨国忠传》。

[4]《新唐书》卷二〇六《杨国忠传》。

[5]《新唐书》卷二二三《李林甫传》。

[6] 参见《旧唐书》卷一七八下《程千里传》。

[7]《全唐文》卷三三。

[8]《旧唐书》卷一〇六《李林甫传》。

[9]《资治通鉴》卷二一六,玄宗天宝十一载十一月条。

[10]《资治通鉴》卷二一六,玄宗天宝七载六月条。

[11]《资治通鉴》卷二一六,玄宗天宝十一载十一月条。

[12]《册府元龟》卷三三五。

[13]《虞初志》卷六。

[14]《资治通鉴》卷二一六,玄宗天宝十一载十二月条。

[15]《册府元龟》卷三三五。

[16]《资治通鉴》卷二一六,玄宗天宝十二载十月条。

[17]《栾城后集》卷一一。

[18]《旧唐书》卷一〇六《杨国忠传》。

[19] 参见《开元天宝遗事》卷下。

[20]《旧唐书》卷一九二《吴筠传》。

[21]《资治通鉴》卷二一六,玄宗天宝十一载十一月条。

[22]《开元天宝遗事》卷下。

[23]《旧唐书》卷一九一《金梁凤传》。

[24]《唐会要》卷三。

[25]《资治通鉴》卷二一六,唐玄宗天宝十一载十月条。

[26]《旧唐书》卷一〇六《杨国忠传》。

[27]《新唐书》卷二〇六《杨国忠传》。

第十讲　养子谋反

　　杨贵妃一生没有生育。唐玄宗专宠她十几年时间，她也没有给唐玄宗生下一儿半女。但她有一个养子，那就是安禄山。安禄山比杨贵妃大十六岁，为什么会成为杨贵妃的养子？天宝末年，安禄山发动了叛乱，唐王朝大厦将倾。唐玄宗如此信任、器重的安禄山，为什么会生出谋逆之心？安禄山究竟是一个什么样的人？在民间传说中流传的安禄山与杨贵妃的故事又有多少是真实的？

杨贵妃一生没有生育。唐玄宗专宠她十几年时间，她也没有给唐玄宗生下一儿半女。但她有一个"养子"，那就是安禄山。安禄山与杨贵妃没有任何血缘关系，同样给杨贵妃带来了很大的伤害。因为安禄山在天宝末年发动了"安史之乱"，直接导致了杨贵妃的悲剧命运。作为一个胡人，安禄山怎么会成为杨贵妃的养子呢？作为杨贵妃的养子，他为什么要反叛呢？这些问题也很重要，值得我们深入探索。

一、禄山邀宠

安禄山是唐朝的蕃将，杨贵妃是唐玄宗的爱妃，两个人本来没有一点关系。那么，是什么把他们两个联系在一起呢？要弄清这个问题，我们还得从安禄山说起。

安禄山生于武则天长安三年正月初一（703年1月22日）。其生父是康姓胡人，母亲是突厥巫师阿史德，因曾祈祷于斗战神轧荦山，故为其取名"安荦山"。后来，其母改嫁突厥人安延偃，此后冒姓安氏，改名禄山。

安禄山青年时代雄伟晰白，聪明多智，善测人意。曾当过"互市牙郎"，通晓九种"蕃语"。三十岁时，以骁勇善战得到幽州节度使张守珪的赏识，被任命为捉生将，收为养子。

从有关资料来看，安禄山的发迹是与幽州节度使张守珪分不开的。开元二十四年（736），在张守珪的一手提拔下，安禄山升任平卢讨击使、左骁卫将军。安禄山奉命讨伐奚、契丹叛者，恃勇轻敌，盲目挺进，结果大败。按照军法，应当斩首。张守珪惜其骁勇，将他送至东都，交由中央处理。

当时，宰相张九龄主张杀掉安禄山，他上奏说："禄山狼子野心，面有逆相，臣请因罪戮之，冀绝后患。"[1]唐玄宗则认为安禄山"勇锐"，反驳说："卿岂以王夷甫识石勒，便臆断禄山难制耶？"[2]决定释放安禄山，让他以"白衣"将领效劳于边疆。

开元二十七年（739）六月，张守珪因行贿被贬为括州刺史，不久病死。[3]安禄山从此失去靠山。作为生活在东北地区的一个"白衣"将领，他的前景不容乐观。然而，谁也没有想到，开元二十八年（740），安禄山从"白衣"将领变成了平卢兵马使。在以后的几年中，历任营州都督，充平卢军使，两蕃（奚、契丹）、渤海、黑水四府经略使等职。天宝九载（750），唐玄宗给安禄山赐爵，封他为东平郡王，唐朝将帅封王自此始。十月，唐玄宗在华清宫隆重地接待安禄山，并在昭应为安禄山造了富丽堂皇的第宅。天宝十载（751）二月，以安禄山为河东节度使。

至此，安禄山身兼平卢、范阳、河东三镇节度使以及河北道

安禄山与杨国忠

采访处置使。安禄山一身而兼三任,成为势力最强大的军阀,其地位之重要可想而知。这种情况非常罕见,完全可用"平步青云"来形容。那么,安禄山是靠什么步步高升的呢?

从当时的情况来看,这有两方面的原因:一方面是他掌握了升官发财的两个诀窍,那就是贿赂送礼、献"忠"取媚;另一方面是顺应了唐玄宗的边疆政策。

安禄山升官发财的诀窍之一,是行贿送礼。他行贿对象主要是他的上司和朝廷使者,在行贿的过程中得到了巨大的好处。如开元二十九年(741),御史中丞张利贞为河北采访使,至平卢,"禄山谄佞,善伺人情,曲事利贞,复以金帛遗其左右"[4]。张利贞回到长安后,盛赞禄山之美。于是,唐玄宗便委任禄山为营州都督,充平卢军使,两蕃(奚、契丹)、渤海、黑水四府经略使。天宝元年(742)正月,正式任命他为平卢节度使。

由于贿赂使他轻而易举地得到了好处,他便继续在这两个方面大做文章。天宝三载(744)三月,安禄山兼任范阳节度使、河北采访使。礼部尚书席建侯为河北黜陟使,"称禄山公直",宰相李林甫与户部尚书裴宽"皆顺旨称其美","由是禄山之宠益固不摇矣"。[5]

安禄山不仅给他的上司和朝廷的使者行贿,以博取声名,而且特别注意在朝廷中安插眼线、寻找靠山。

起初他在朝廷找到的同盟是吉温。吉温是一个狡诈的政客,安禄山与他结为兄弟,谋划共同排挤李林甫,一起做宰相。然而,李林甫老谋深算,识破了吉温与安禄山的阴谋。他将计就计,每次在与安禄山谈话前,必先派探子掌握安禄山的动态,然后在交谈中有意无意地吐露出来,恩威并用,使安禄山折服。

安禄山看到李林甫料事如神,一时无法取代,便改变了对他的态度,敬称他为"十郎",并把他作为朝中的靠山。安禄山在回到范阳后,常派心腹刘骆谷到长安奏事,并拜谒李林甫。刘骆谷回去报告,他总是先问:"十郎何言?"听到李林甫说好话,就欢喜雀跃;否则即双手反撑在床,表现出一副愁眉苦脸的样子,说:"噫嘻,我死矣!"

因为安禄山对李林甫变得毕恭毕敬,李林甫就把他作为自己的外援而予以保护,常在朝廷中为他谋利。这是安禄山势力得以迅速扩大的原因之一。

安禄山升官发财的诀窍之二,是献"忠"取媚。他知道唐王朝的最高统治者是唐玄宗,如果能将唐玄宗作为靠山,那是最好不过的了。而要达到这一目标,就要投其所好,向他献"忠"。在这方面,安禄山有言论也有行动,表演得出神入化,无人能及。

史载安禄山"外若痴直,内实狡黠"。他在唐玄宗面前表现出一副忠诚老实的样子,目的是要让唐玄宗认为他是大唐帝国的忠臣良将,从而使他得到重用。

早在天宝二年(743)正月第一次入朝至长安时,安禄山就向唐玄宗献上一片忠诚。唐玄宗听后心里很高兴,就对他进行重赏,加封他为骠骑大将军。

天宝三载三月,在安禄山离京返回范阳时,又编了一套鬼话,说什么"去年七月,部内生紫方虫食禾苗,臣焚香告天曰:臣若不行正道路,事主不忠,食臣心;若不欺正道,事主竭诚,其虫请便消化,启告必应。时有群鸟食其虫,其鸟赤头而青色。伏请宣付史馆"[6]。唐玄宗不辨真伪,特令中书门下三品以下正员外郎长官、诸司侍郎、御史中丞等到鸿胪寺亭子为他饯行,以示恩宠。

天宝六载(747),平卢、范阳节度使安禄山又兼任御史大夫。而安禄山"岁献俘虏、杂畜、奇禽、异兽、珍玩之物,不绝于路,郡县疲于递运"。这时,安禄山已四十五岁,身体发胖了,腹垂过膝。唐玄宗与他开玩笑地说:"此胡腹中何所有?其大乃尔!"安禄山答道:"更无余物,正有赤心耳!"[7]对于安禄山的表白,唐玄宗听了当然高兴。

天宝九载,安禄山为了庆贺"天长节",即唐玄宗的生日,进献了山石功德及幡花香炉等,唐玄宗内心更喜欢安禄山了。

安禄山为了向唐玄宗表"忠",以博取他的欢心,对朝廷内部的矛盾斗争做了仔细了解。当他得知唐玄宗不喜欢太子李亨,怕他觊觎大位时,甚至做出了"不拜太子"的举动。

史载天宝六载,安禄山入朝,内宴承欢,他向玄宗表白说:"臣生蕃戎,宠荣过甚,无异材可用,愿以身为陛下死。"[8]玄宗被他的表演打动了。当时,皇太子李亨在场。玄宗命他拜见皇太子李亨,他居然不拜。左右催促他拜,他却故意装傻,以愚卖愚,说什么"臣胡人,不习朝仪,不知太子者何官?"玄宗以为他真的不懂,解释说:"此储君也,朕千秋万岁后,代朕君汝者也。"安禄山听后,继续装痴弄憨地说:"臣愚,向者惟知有陛下一人,不知乃更有储君。"玄宗"以为信然,益爱之。"[9]

安禄山说他"不知太子者何官",这分明是在撒谎。因为天宝五载(746),唐廷内部发生了震惊中外的"谋立"太子事件,韦坚、皇甫惟明等数十人锒铛入狱,死于非命。安禄山"常令其将刘骆谷留京师伺朝廷指趣,动静皆报之"[10]。安禄山十分明白,皇帝陛下与太子之间有着深刻的裂缝,李林甫是反对太子结党的台柱子。他既然倒向李林甫,他不拜太子也就可以理解了。

事实上,安禄山之所以说他不知道太子是什么官职,一方面是向玄宗献媚,表白"惟知有陛下一人",另一方面也反映了他卷入朝政斗争的企图。他并未因不拜太子而获罪,恰恰相反,更加得到了唐玄宗的宠信。

当然,对于安禄山的这种态度,太子李亨自然是很不满意的,他有时也会表明自己的观点。史载，"天宝中，安禄山每来朝，上（玄宗）特异待之"。在兴庆宫勤政楼欢宴时，百官群臣列坐楼下，唯独让安禄山坐在楼上皇帝御座的东间，那里摆了金鸡障（画金鸡为饰的坐障），还命卷帘以示荣宠。太子目睹此情此景，很有意见，便进谏说："自古正殿无人臣坐礼，陛下宠之既厚，必将骄也。"玄宗把太子叫来，解释说："此胡有奇相，吾以此厌弭之尔。"[11] 也就是说，他要用这种特殊的宠遇来笼络住这位有"奇相"的胡人。从当时的情况来看，这很可能是他的真实想法。

唐玄宗为什么如此宠信安禄山呢？虽然安禄山靠贿赂与献"忠"取媚，但从根本上说，是适应了唐玄宗边事政策的需要。唐玄宗改变了唐初以来的边疆政策。

唐初以来，边帅皆以忠厚名臣担任，且"不久任，不遥领，不兼统"。如果战功卓著，则出将入相。开元中期以后，"天子有吞四夷之志，为边将者十余年不易，始久任矣"。李林甫为了杜绝边帅入相之路，建议"用寒畯胡人"为将，说"胡人则勇决习战，寒族则孤立无党，陛下诚以恩洽其心，彼必能为朝廷尽死"。[12]

玄宗认为李林甫说得有道理，就把诸道节度使都换成了胡人。于是安禄山、安思顺、哥舒翰、高仙芝等人都成了手握重兵的边帅。

当然，在众多的蕃将中，安禄山之所以备受荣宠，则是与北疆的军事形势有关。天宝四载（745），玄宗以外孙女静乐公主嫁契丹王李怀节，外甥女宜芳公主嫁奚王李延宠。不到半年，契丹、奚就杀了公主，背叛了唐朝。

在这种情况下，安禄山征讨契丹、奚，自然符合唐玄宗心愿。后来唐玄宗在表彰安禄山的功绩时说："顷者，契丹负德，潜怀祸心，乃能运彼深谋，果枭渠帅。风尘攸静，边朔底宁。不示殊恩，孰彰茂绩？"[13]

天宝九载，安禄山入朝，献奚俘八千人，唐玄宗命考课之日书"上上考"。在《封安禄山东平郡王制》中，指出："上柱国柳城郡开国公安禄山，性合韬钤，气禀雄武，声威振于绝漠，捍御比于长城。战必克平，智能料敌，所以擢升台宪，仍仗旌麾。既表勤王之诚，屡申殄寇之略。"[14]

在唐玄宗看来，安禄山这样的人并不是"愚而可制"，而是忠而可用。唐玄宗一直欣赏安禄山"战必克平，智能料敌"的本领，故"托禄山心膂之任"，企图构筑一条"万里长城"。

除军事才能外，安禄山还对唐玄宗表现出绝对的忠诚。"玄宗尤嘉其纯诚"，用之不疑。相传一次宫中夜宴，安禄山醉卧，"化为一黑猪而龙首"。玄宗就此说道："猪龙也，无能为者。"[15] 言下之意，安禄山没什么政治野心。正因为如此，他才让安禄山兼任了三镇节度使。

总之，自称"年事渐高"的唐玄宗，把朝廷细务"委以宰臣"，把军戎大事"付之边将"。诸宰相中，最受宠用的先是李林甫，后是杨国忠。在众边将中，唯独安禄山一直得宠而不衰。这与北疆三镇的军事地位及安禄山的外痴内诈、诙谐滑稽、诌谀献媚也有很大关系。正因为如此，安禄山出入禁宫，演了一连串的闹剧。

二、贵妃"洗儿"

安禄山为了赢得唐玄宗对他的宠爱，还上演了一出最令人耻笑的闹剧，那就是"请为贵妃儿"。也就是向唐玄宗提出请求，让他给杨贵妃当儿子。唐玄宗为了笼络安禄山，竟然答应了安禄山的请求。

史载，天宝六载，杨贵妃宠冠六宫，安禄山每次进见，总是先拜贵妃。玄宗不解，问为什么如此。安禄山回答说："蕃人先母而后父。"玄宗听了，心里非常喜欢。

由于安禄山"恩宠浸深"，应对敏给，杂以诙谐，因此，唐玄宗"命杨铦、杨锜、贵妃三姊皆与禄山叙兄弟"。后来安禄山得出入禁中，因"请为贵妃儿"。玄宗对他更信任了。

"养儿"风俗在唐朝是非常流行的。高力士小时候，被内官高延福收为"假子"（养子、义子）。名将王忠嗣，小时养于宫中，实际上是唐玄宗的养子。在这种情况下，杨贵妃也收养一个儿子，原本没有什么可指责的。问题在于安禄山利用这种习俗，是别有用心的。当时安禄山年已四十五岁，而杨贵妃仅二十九岁，他整整比杨贵妃大了十六岁。这样一来，"养子"便成为荒唐的闹剧。

关于唐玄宗杨贵妃赐安禄山物品的记载

当然，唐玄宗是皇帝，视天下人为"子民"。杨贵妃的地位与皇后相差无几。从这个角度来讲，如此"养子"关系似乎也可以成立。这件事看来似乎滑稽，实际上是安禄山处心积虑的行动。他"请为养儿"的举动，不仅是为了讨好杨贵妃，更重要的是构建一种"母子"与"父子"的关系，拉近他与唐玄宗之间的距离。

杨贵妃收比自己大十六岁的一个杂胡为养子，她心里是怎么想的呢？对此文献中没有任何记载。我想也许她并不情愿。但安禄山既已提出，唐玄宗也已答应，她还能有什么选择呢？她最了解唐玄宗的心意，肯定知道唐玄宗这样做是为了笼络安禄山。因此，她只能奉唐玄宗之命，收安禄山为养子，并对他有所关照。

天宝九载冬天，安禄山再次入朝，唐玄宗命杨国忠兄弟姐妹共同到临潼迎接，并在华清宫陪他游宴。

史载天宝十载正月初一，安禄山生日。"先日赐诸器物衣服，太真亦厚加赏遗。""太真赐金平脱装一具，内漆半花镜一，玉合子二，玳瑁刮舌篦、耳篦各一，铜镊子各一，犀角梳篦刷子一，骨骺合子三，金镀银盒子二，金平脱盒子四，碧罗帕子一，红罗绣帕子二，紫罗枕一，毡一，金平脱铁面枕一，并平脱锁子一，银沙罗一，银鏂椀一，紫衣二副，内一副锦，每衣计四事件。""其日，又赐陆海诸物，皆盛以金银器，并赐焉。""所赐禄山食物、香药，皆以金银器盛之，其器并赐，前后又不可胜计也。""后三日，召禄山入内，贵妃以绣绷子绷禄山，令内人以彩舆昇之，欢呼动地。玄宗使人问之，报云：'贵妃与禄山作三日洗儿，洗了又绷禄山，是以欢笑。'玄宗就观之，大悦，因加赏赐贵妃洗儿金银钱物，极乐而罢。自是，宫中皆呼禄山为禄儿，不禁其出入。"[16]

据此，天宝十载正月初一，唐玄宗和杨贵妃赐给"养儿"安禄山大量的衣服、宝器、酒馔等。正月初三，唐玄宗召禄山入内宫，杨贵妃用"绣绷子"（锦绣做的大襁褓）把安禄山裹起来，叫宫女们用"彩舆"（彩花轿）抬着，一片嬉戏欢呼声。玄宗大悦，"因加赏赐贵妃洗儿金银钱物，极乐而罢"。此后，宫中皆呼禄山为"禄儿"。

安禄山是天宝六载成为杨贵妃养子的，而"洗三"的事发生在天宝十载。因此，杨贵妃在宫中"洗儿"的真实性是值得怀疑的。

尽管初唐以来宫中皇子"满月"庆贺的事屡见不鲜，"三日洗儿"亦常有记载。如"太华公主载诞三日，宫中大陈歌吹"，"代宗之诞三日，上（玄宗）幸东宫，赐之金盆，命以浴"。也就是说，宫中流行着"三日洗儿"的风俗，孩子生下三天，照例有一番热闹的"歌吹"活动，而"洗儿"钱甚为丰厚。但安禄山并非新生儿，难道给成人过

唐代鎏金壶图案

唐代银壶盖图案

唐代银饰图案

唐代金花银盒盒盖图案

唐代金花银盒盒底图案

生日还会举行这样的活动吗？何况《安禄山事迹》只是说"贵妃以绣绷子绷禄山"，并没有说给他洗澡。所以，后人将这种活动理解为洗澡，恐怕只是一种想象。

由于有"洗儿"的传闻，故有文献记载说安禄山出入宫掖不受禁止，"颇有丑声闻于外"。宋代以后，有人编造说安禄山在宫中玩闹，抓伤了杨贵妃的前胸，杨贵妃怕唐玄宗发现，就佩戴了珂子，也就是我们通常所说的项坠。元代杂剧中甚至编出了杨贵妃与安禄山"私通"的"丑事"。事实上，这都是文人捕风捉影编造的鬼话。

当时安禄山请给杨贵妃当养子的目的主要是讨好唐玄宗，他如果对杨贵妃有非分之想，结果会适得其反。史载安禄山入宫后，与他一起戏谑的并不是杨贵妃一个人，"自虢国已下，次及诸王，皆戏禄儿，与之促膝娱宴"[17]。在这种情况下安禄山怎么可能与杨贵妃有私情？如果有的话，专宠杨贵妃的唐玄宗又怎么会容忍！从大量资料来看，唐玄宗对此既不怀疑，也未追究。合理的解释是并没有那样的事情发生。

三、"忠臣"造反

唐玄宗对安禄山恩宠有加，不仅救过他的命，而且给他权，给他钱，给他地盘，给他免死铁券，使他受到最高的待遇。他的母亲、祖母皆赐国夫人，十一个儿子都由玄宗赐名。杨贵妃遵照唐玄宗的旨意，对安禄山也很好。他们以为这样，安禄山就可以感恩戴德，忠于朝廷，为国家守卫北疆。

然而，他们做梦也没有想到，这位"养子"实际上是一个包藏祸心的野心家、阴谋家。他阳奉阴违，口是心非，表面上对唐王朝忠心耿耿，实际上在暗地里大干谋反的勾当。

既然唐玄宗对安禄山宠爱有加，他为什么要造反呢？从相关史料来看，安禄山的反叛有主观因素，也有客观条件。

从主观上讲，安禄山是个野心家、阴谋家，有篡位的政治野心。当然，安禄山的政治野心不是与生俱来的，而是有一个逐步发展的过程。

大体说来，他在第一次入朝之时，根基还不稳固，还不可能有"构逆"的打算。从有关资料来看，其"凶逆之萌"，大约在天宝六载前后。当时唐玄宗对安禄山"特加宠遇"，不仅使他身兼平卢、范阳两镇节度使，而且加了京官御史大夫，成了杨贵妃的"养儿"。他经常伺察朝廷旨意动静，看清了唐朝的繁盛和外重内轻的局势。因此，他内心深处萌发了"异志"。

史称，安禄山"每朝，常经龙尾道，未尝不南北睥睨，久而方进，即凶逆之萌，常在心矣"[18]。天宝九载以后，安禄山的地位更高了，除了上柱国柳城郡开国公、东平郡王等头衔外，还一身兼平卢、范阳、河东三镇节度使以及河北道采访处置使，权势比过去大得多了。

当时，唐朝十节度有兵四十八万六千九百人，而安禄山一个人身兼平卢、范阳、河东三镇节度使。平卢节度使治营州（今辽宁朝阳），兵三万七千五百人；范阳节度使治幽州（今北京西南），兵九万一千四百人；河东节度使治太原（今山西太原），兵五万五千人。三镇兵约二十万，占全国镇兵的百分之四十。因此，安禄山把"异志"化为积极的行动，为造反做具体的准备。

在客观上，开元末年以来，唐玄宗以国家殷富，沉醉于自己所取得的成就，升平既久，居安忘危，便把政事交给奸相李林甫、杨国忠，使唐代前期以来形成的一些重要制度遭到人为的破坏。特别是在军事方面好大喜功，发动了两次对南诏的战争，把主要军事力量集中在边疆，造成了外重内轻的格局。

此外，天宝后期，天灾人祸不断。如天宝十载正月，陕郡运船失火，"烧米船二百余只，人死者五百计"。四月，剑南节度使鲜于仲通将兵六万讨南诏，大败于泸水。八月，"广陵郡大风，潮水覆船数千艘。丙辰，京城武库灾，烧器械四十七万事"。秋季，"霖雨积旬，墙屋多坏，西京尤甚"。[19]天宝十三载（754）六月，剑南留后李宓率唐军与南诏战于西洱河，全军覆没。秋季，"霖雨积六十余日，京城垣屋颓坏殆尽，物价暴贵，人多乏食。……东都瀍、洛暴涨，漂没一十九坊"[20]。所有这些，都在客观上为安禄山造反创造了有利条件。

当然，安禄山之所以选择在天宝十四载（755）反叛，也与当时统治者内部矛盾斗争的发展程度有关。天宝十四载，唐玄宗七十一岁，已经是年过"古稀"的老人了，而安禄山也已五十三岁。太子李亨是合法的皇帝接班人。杨国忠以宰相的身份在朝廷中掌握大权。而这两个人与安禄山都有很深的矛盾。安禄山害怕一旦玄宗去世或失去皇权，继位的李亨和掌权的杨国忠会对他进行清算，因而不能不早做打算。

安禄山与太子亨的矛盾是从他投靠李林甫开始的。李林甫一直对太子亨不满，多次想动摇太子地位，均未能实现。安禄山以李林甫为靠山，自然是站在了李林甫一边。对此，太子亨心里是很清楚的。

天宝六载安禄山入朝，与杨贵妃的哥哥姐姐们约为"兄弟"，打得火热，又请为杨贵妃的"养子"，以此固宠。对此，太子亨也看得非常清楚。尤其是安禄山不拜太子，在大庭广众之下公然向皇太子示威。这种做法虽然起到了讨好唐玄宗的作用，但与皇太子结下了深仇。因此，皇太子站在了他的对立面。当唐玄宗让他坐入金鸡障的时候，皇太子向玄宗进谏，说安禄山必骄。后来安禄山再次入朝时，皇太子又向唐玄宗密奏，说安禄山有反相，应找个罪名将他处死。

安禄山平时假装痴愚，实际上异常精明，他当然知道太子亨对他的态度。史载，安禄山"尝以曩时不拜肃宗（太子李亨）之嫌，虑玄宗年高，国中事变，遂包藏祸心，将生逆节"[21]。这种记载无疑是符合实际的。

除了与太子亨的矛盾以外，安禄山与杨国忠之间的矛盾也相当激烈。杨国忠是杨贵妃的远亲，在朝廷中握有大权。安禄山是杨国忠诸弟诸妹的"兄弟"，又是杨贵妃的"养子"，按照常理，他们的关系应当密切才对。但事实并非如此，恰恰相反，他们之间也有很大的矛盾。

安禄山与杨国忠之间的矛盾是在争权夺利的过程中形成的。起初，他们相处得还算不错，但安禄山在投靠李林甫之后，看不起杨国忠，根本不把他放在眼里。杨国忠依靠唐玄宗对他的宠信，向李林甫发起一轮又一轮的进攻，最终把大权夺到自己手中。

李林甫失势之后，安禄山也曾想换个靠山，在杨国忠的暗示之下，他与吉温共证李林甫参与阿布思谋反。但在李林甫倒台之后，杨国忠堵塞了安禄山出将入相的道路。因此，两人之间的矛盾迅速升温。安禄山是地方上的实力派，他本来就看不上杨国忠，现在对杨国忠更是嗤之以鼻。

杨国忠看到安禄山势力越来越大，害怕威胁到自己的利益，图谋对他进行打压。因此，安禄山与杨国忠的矛盾逐渐加剧，最终成为引发叛乱的导火线。"禄山与国忠争宠，两相猜嫌。"[22]杨国忠没有能力制服与控制安禄山，便在唐玄宗面前多次说安禄山要造反，唐玄宗被安禄山的甜言蜜语所迷惑，自然无法做出正确的判断，故并未采取任何积极的应对措施。

杨国忠看唐玄宗对他的话置若罔闻，便拉拢另一位著名的蕃将哥舒翰，以排挤安禄山。他建议由陇右节度使哥舒翰兼任河西节度使，并封他为西平郡王，想依靠哥舒翰与安禄山抗衡。天宝十二载（753）冬天，杨国忠随从玄宗在华清宫，多次在唐玄宗面前说安禄山必反，甚至说陛下不妨试试看，召他进京，他必定不来。于是，唐玄宗半信半疑，发出了召安禄山进京的诏书。令杨国忠大跌眼镜的是，天宝十三载正月，安禄山却按时奉命来朝。于是杨国忠的预言宣告破产。

安禄山在朝中安插了密探，故对杨国忠的一举一动了如指掌。他知道杨国忠和太子亨之间有矛盾，但此二人都是自己的头号敌人，所以把太子亨和杨国忠视为死敌。他一到华清宫，就马上向唐玄宗哭诉："臣本胡人，陛下不次擢用，累居节制，恩出常人。杨国忠妒忌，欲谋害臣，臣死无日矣。"玄宗"益信禄山为忠"。[23]不久，安禄山随同玄宗返回长安。唐玄宗想让安禄山留在长安当宰相，杨国忠说他"目不知书"，坚决表示反对。玄宗只好任命安禄山为左仆射、陇右群牧使。安禄山要求当群牧总监，玄宗也答应了。

安禄山为叛乱做了长期的准备。

一方面，他修筑雄武城，大量贮存兵器，收养同罗、奚、契丹等族壮士八千余人，称之为"曳落河"，畜养单于、护真大马数万匹，牛羊五万余头，还囤积了大量的粮草，并在暗中通过"诸道商胡兴贩"，购置了巨额的军需物资。

另一方面，聚集反叛力量，"奏前后讨契丹立功将士跳荡等，请超三资，告身仍望好写；于是超授将军者五百余人，中郎将者二千余人"[24]，形成以高尚、严庄、张通儒及孙孝哲为心腹的核心集团。高尚与严庄出谋划策，为安禄山"解图谶，劝之作乱"[25]。"安禄山以李林甫狡猾逾己，故畏服之。"[26]因对李林甫有所顾忌，在李林甫去世之前，尚不敢贸然起兵。

李林甫死后，安禄山不把新右相杨国忠放在眼里。天宝十二载，五月，"阿布思为回纥所破，安禄山诱其部落而降之。由是禄山精兵，天下莫及。"于是，他自持强大，加紧了策划叛乱的步伐。

事实证明，野心勃勃的阴谋家，愈是受到重用，愈是要蓄谋篡权。

对此，杨贵妃和唐玄宗缺乏应有的防范意识。唐玄宗对安禄山的过分信任和恩宠，不仅没有起到积极的作用，相反，在一定程度上助长了安禄山谋反的野心。

天宝十三载三月，安禄山辞归范阳，玄宗亲自脱御衣赐之，禄山害怕杨国忠暗算，疾驱出关，以日行三四百里的速度，直奔老巢。"禄山既至范阳，忧不自安，始决计称兵向阙。"[27]名将王忠嗣多次上言禄山必反，宰相李林甫根本不听，反而排挤打击王忠嗣。

在决计造反之后，安禄山便紧锣密鼓地准备起来。天宝十四载二月，他派副将何千年入朝，奏请以蕃将三十二人代替汉将。宰相韦见素一眼就看出了其中的阴谋，他对杨国忠说："安禄山有不臣之心，暴于天下，今又以蕃将代汉，其反明矣。"[28]而杨国忠也有同样的感受。于是两位宰相极言禄山反状，但玄宗就是听不进去，他坚信安禄山"必无二心"。

七月，安禄山制定了用特种部队突袭京师的计划。他对唐玄宗上表，说他要给朝廷献马三千匹，派二十二名将军和六千名士兵护送。实际上是想到京后发动突袭。河南尹达奚珣上书切谏，认为安禄山这不是送马，居心叵测。唐玄宗也认为不妥，没有同意献马的请求。

唐玄宗特意在华清宫中为安禄山造了一个汤池，派中使冯承威带上他的"玺书"召安禄山，说："朕与卿修得一汤，故召卿。至十月，朕待卿于华清宫。"安禄山根本没有把中使放在眼中。冯承威返回长安后，向玄宗泣诉说："臣几不得生还。"[29]

按理说，唐玄宗应该清醒了。但他仍对安禄山信之如故，认为他是忠臣。到了十月，唐玄宗、杨贵妃以及杨国忠等照例到华清宫寻欢作乐。然而，安禄山并没有来，他正在调兵遣将，一场大叛乱即将发生。

天宝十四载十一月，正当唐玄宗和杨贵妃在华清宫中歌舞升平的时候，"渔阳鼙鼓动地来，惊破霓裳羽衣曲"。安禄山反叛了。

　　安禄山是杨贵妃的养子，他在反动叛乱时，打出诛奸臣杨国忠的旗号，并对杨贵妃多所指责。唐玄宗和杨贵妃对安禄山够好了，按理来说，他应对唐玄宗和杨贵妃感恩戴德才对，但他公然发动了反叛，还要指责杨贵妃，真是没有良心！安史之乱直接导致了杨贵妃的死亡和唐玄宗的失位。那么，杨贵妃是怎样死的？唐玄宗为什么会失去皇位呢？

注释

[1]《大唐新语》卷一。张九龄不可能在二十年前就预测到安禄山反叛之事，故疑其奏言经后人改编。他当时可能只是认为像安禄山之类的蕃将比较"难制"而已。

[2]《安禄山事迹》卷上。石勒年轻时曾行贩洛阳，西晋大臣王衍（字夷甫）看他有奇志，恐为后患，遣人前去收容，而石勒已不知去向。后来，石勒成了后赵的创建者。

[3] 参见《旧唐书》卷一〇三《张守珪传》。

[4]《安禄山事迹》卷上。

[5]《资治通鉴》卷二一五，玄宗天宝三载三月条。

[6]《安禄山事迹》卷上。

[7]《资治通鉴》卷二一五，玄宗天宝六载正月条。

[8]《新唐书》卷二二五上《安禄山传》。

[9]《资治通鉴》卷二一五，玄宗天宝六载正月条。

[10]《资治通鉴》卷二一五，玄宗天宝六载正月条。

[11]《次柳氏旧闻》补遗。

[12]《资治通鉴》卷二一六，玄宗天宝六载十二月条。

[13]《安禄山事迹》卷上。

[14]《全唐文》卷二五。

[15]《安禄山事迹》卷上。

[16]《安禄山事迹》卷上。

[17]《资治通鉴》卷二一六,天宝十载正月条,胡三省注。

[18]《安禄山事迹》卷上。

[19]《旧唐书》卷九《玄宗本纪下》。

[20]《旧唐书》卷九《玄宗本纪下》。

[21]《安禄山事迹》卷上。

[22]《册府元龟》卷三三六。

[23]《安禄山事迹》卷中。

[24]《旧唐书》卷九《玄宗本纪下》。

[25]《资治通鉴》卷二一六,玄宗天宝十载二月条。

[26]《资治通鉴》卷二一六,玄宗天宝十二载五月条。同书卷二一六玄宗天宝十载二月条载:"禄山于公卿皆慢侮之,独惮林甫,每见,虽盛冬,常汗沾衣。"

[27]《安禄山事迹》卷中。

[28]《大唐新语》卷二。

[29]《大唐新语》卷二。

第十一讲　马嵬兵变

　　安史之乱发生后,杨贵妃与唐玄宗仓皇逃离京师长安,他们的目标是到四川成都去避一避反贼的锋芒。然而,他们万万没有想到,这竟是杨贵妃的不归之路。因为在逃往四川的过程中,发生了"马嵬兵变",杨贵妃在马嵬驿香消玉殒。那么,杨贵妃究竟是怎么死的?马嵬兵变的来龙去脉究竟是怎么回事?这场兵变真正的幕后推手又是谁?

在对待安禄山的问题上，唐玄宗真是一错再错。起初，他被安禄山等人蒙骗，赋予安禄山以各种特权。后来，为了笼络安禄山，他在长安等地为安禄山营建豪宅，赏赐大量奇珍异宝，让杨氏兄妹与安禄山结为"兄弟"，又让杨贵妃收其为"养子"，赐其免死铁券，甚至让其身兼平卢、范阳、河东三镇节度使，形成尾大不掉之势。再后来，安禄山反叛迹象已明，但他对安禄山的"忠诚"仍深信不疑，对揭发安禄山反叛的言论置若罔闻，对安禄山的反叛不做任何防备，甚至把告发安禄山反叛的人送给安禄山。结果，安禄山还是发动了叛乱。安史之乱发生后，杨贵妃与唐玄宗仓皇逃离京师长安，他们的目标是到四川成都去避一避反贼的锋芒。然而，他们万万也没有想到，这竟是杨贵妃的不归之路。因为在逃往四川的过程中，发生了"马嵬兵变"，杨贵妃在马嵬驿香消玉殒。

一、安史之乱

安禄山叛乱，经过长达近十年的策划。他在幽州城北修建了著名的雄武城，调集了当时北方地区的很多谋臣猛将，以高尚、严庄、张通儒、孙孝哲为谋士，为了确保起兵的成功，采用突然袭击的方式。为此，他采取了下列战略部署：其一，扬言奉旨诛杨国忠，隐蔽造反的真实意图。其二，加强后方留守，保障主力南下。其三，采用声"西"击"东"战术。其四，调集主力队伍，正式发动叛乱。"禄山乘铁舆，步骑精锐，烟尘千里，鼓噪震地。"[1]"以诸蕃马步十五万，夜半行，平明（天亮）食，日六十里。"[2]由于河北地区是安禄山的管辖区域，所以地方州县长官非死即降，所以他的进展非常神速。

天宝十四载（755）十一月初十，敌将何千年等在太原劫走了副留守杨光翙。太原火速向长安报告。消息传来，大家都认为安禄山已经叛乱了，但是唐玄宗不相信。直至过了五天，安禄山的大军已经到了黄河边上，唐玄宗才不得不承认安禄山造反的事实。十一月十五日，"上（玄宗）闻禄山定反"[3]，既震惊又愤怒。半年前，他还断言："禄山，朕推心待之，必无异志。"[4]甚至有人说安禄山反叛，他还把这个人抓起来送给安禄山。现在的事实表明，安禄山确实造反了。

现在，口口声声说忠于陛下的安禄山造反了。玄宗非常伤心，召见宰相杨国忠商量对策。杨国忠并不了解安禄山起兵的具体情况，笑着说："今反者独禄山耳！三军左右皆不欲也，旬日必斩之来降，不如此，陛下发兵讨之，仗大义诛暴逆，可不血刃而定矣。"[5]意思是说：其他那些将士都是忠心耿耿，为大唐帝国着想的，他们不会造反。您等着，过几天，他们就会把安禄山杀了，抬着他的首级向您报告。如果不是这样的话，您再组织大军去扫平叛乱，那是非常容易的，您不要害怕。

唐玄宗听了这话，觉得好像也有道理。他们完全低估了叛军的力量，未发一兵一卒，只派遣特进毕思琛赴东都洛阳，派金吾将军程千里赴河东，让他们就地招募数万人以拒叛军。

当然，玄宗对毕思琛和程千里并不放心。十一月十六日，他在华清宫召见安西节度使封常清商量平叛方案。封常清见唐玄宗满面愁容，便夸口说："禄山领凶徒十万，径犯中原，……臣请走马赴东京，开府库，募骁勇，挑马棰渡河，计日取逆胡之首悬于阙下。"[6] 意思是：有我在，您放心。我到洛阳去招募一些士兵，然后到黄河北边去，到河北地区很快就会取下安禄山的首级拿来向您报告。玄宗听后精神为之一振。次日，以封常清为范阳、平卢节度使。

事实上，无论是唐玄宗还是杨国忠，包括封常清，都完全低估了安禄山的实力。安禄山处心积虑要造反，十年之间他准备了精良的部队，而且准备了大量的军需物资，他的反叛是一步一个脚印，稳稳当当地向南推进的。他的目标表面上是要诛杀杨国忠，实际上他是要推翻唐王朝，取代唐朝的江山社稷。唐玄宗没有意识到这一点。杨国忠也过低地估计了安禄山的力量，所以他们没有做相应的积极准备。

叛军向南推进的速度很快，十天时间到达博陵（今河北定州）。只用了十三天，就打到了黄河边上。在这种情况下，唐玄宗在华清宫中待不住了。他回到长安兴庆宫，重新进行军事部署：以朔方右厢兵马使、九原太守郭子仪为朔方节度使；右羽林大将军王承业为太原尹；新置河南节度使由卫尉卿张介然担任；以已赴河东的程千里为潞州长史；凡是叛军冲击的州郡，均设置防御使。十一月二十二日，以第六个皇子、荣王李琬为元帅，右金吾大将军高仙芝为副元帅，统率诸

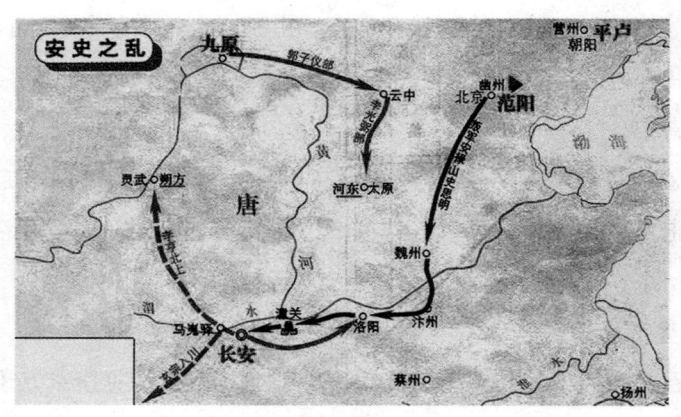

安史之乱简图

军东征。十二月初一,高仙芝率领所募新兵、边兵及飞骑、彍骑五万人离开长安。就这样,从十一月十五日至十二月初,唐玄宗仓促地完成了防御部署,在河南、山西地区建起几道防线。

但是,唐玄宗设置的防线,经不住安禄山叛军的袭击。史载,范阳起兵,"河北皆禄山统内,所过州县,望风瓦解,守令或开门出迎,或弃城窜匿,或为所擒戮,无敢拒之者"[7]。河南诸郡在叛军的冲击之下也成为一盘散沙。

十一月下旬,北风呼啸,寒风刺骨,黄河冰封。十二月初二,叛军乘坚冰自灵昌(今河南滑县西南)渡河,直逼陈留(今河南开封)。"虏骑十万,所过杀戮,烟尘亘天,弥漫数十里。"[8]十二月初五,陈留郡太守郭纳开城门投降。河南节度使张介然被斩于军门,近万名将士也被杀死。

郭子仪像

十二月初七,唐玄宗下制宣布亲征。《亲征安禄山诏》指出:"前所出师命将,足以除凶去孽,仍闻阻兵西路,左次南辕。朕义在救焚,情存拯溺。……今亲总六师,率众百万,铺敦元恶,巡幸洛阳,将以观风。"[9]可是,亲征计划不过是一纸空文。

十二月初八,荥阳失守,太守崔无诐被杀。封常清十分焦急,亲自督军于武牢拒敌。"常清使骁骑与柘羯逆战,杀贼数十百人。"[10]

但敌军大至，官军败退。十二月十二日，"大雪盈尺"[11]，叛军从四面八方围攻洛阳，突入城内，到处都是殷红的血迹。封常清连战皆败，最后从禁苑逃出，西奔陕郡。随着洛阳保卫战的失败，唐军的河南防线彻底崩溃了。叛军仅用了三十四天时间，就从范阳一路南下，攻克了东都洛阳。

洛阳沦陷后，封常清退至陕郡（今河南陕县），而陕郡太守窦廷芝已躲到河东去了，吏民也正在逃亡之中，城内一片惊惶。镇守陕郡的副元帅高仙芝，原打算督五万之众东征，未在潼关留下足够的兵力把守。封常清向高仙芝汇报："累日血战，贼锋不可当。且潼关无兵，若狂寇奔突，则京师危矣。宜弃此守，急保潼关。"[12]高仙芝"素信常清言"[13]，也赞同"急保潼关"的主张。于是，在当天夜里，高仙芝便率领部众西趋潼关。撤离陕郡时，把当地著名的太原仓打开，给将士们分发钱帛，多余的则放火烧掉。在撤退时，未派兵阻击尾追之敌。结果，"贼寻至，官军狼狈走，无复部伍，士马相腾践，死者甚众"[14]。至此，唐玄宗在河南设置的三道防线，在十天之内竟被叛军全部摧毁。消息传来，朝野震惊。好在高仙芝退至潼关，叛军停在了陕郡。

十二月十六日，唐玄宗重议亲征之事，下制由皇太子监国。当时，唐玄宗已是七十一岁的人了，根本不可能亲赴前线。他对杨国忠说："朕在位垂五十载，倦于忧勤，去秋已欲传位太子；值水旱相仍，不欲以余灾遗子孙，淹留俟稍丰。不意逆胡横发，朕当亲征，且使之监国。事平之日，朕将高枕无为矣。"杨国忠认为，太子监国会直接危及杨氏家族的利益。因此，"大惧"，急忙回去跟韩国夫人、虢国夫人商量，说："太子素恶吾家专横久矣，若一旦得天下，吾与姊妹并命在旦暮矣！"[15]韩、虢二夫人立刻到兴庆宫找杨贵妃，贵妃衔土请命于玄宗，因此，唐玄宗自然不提亲征了。

亲征未成，却拿将帅开刀。宦官边令诚入朝奏事，大讲前线"桡败之状"，只字不提封常清"杀敌塞路"的战绩，更不提高仙芝善守潼关的事实，甚至造谣说："常清以贼摇众，而仙芝弃陕地数百里，又盗减军士粮赐。"[16]唐玄宗对于上述情况根本不做调查，为"失律丧师"而大怒不已，命令边令诚前往潼关，处斩高仙芝和封常清。

本来，洛阳、陕郡沦陷之后，战场形势已发生了微妙的变化：叛军停滞不前，唐军则从溃败的困境中走了出来，向着有利的方向发展。在天宝十五载（756）六月以前的几个月时间里，双方基本上处于暂时对峙的状态。唐玄宗一直想尽快地平定叛乱，但他在大敌当前的情况下诛杀封常清与高仙芝，这无疑是自毁长城，其后果是不堪设想的。

二、玄宗奔蜀

封常清和高仙芝相继被杀后，官军的防御体系陷于一片混乱。唐玄宗不得不让年老体衰、行动不便的歌舒翰镇守潼关。杨国忠怕安禄山西进，一再向唐玄宗建议主动出击。哥舒翰在宦官的威逼下不得不率军出战，结果在灵宝西原被叛军打败。不久，叛军攻破潼关，矛头直指唐都长安。消息传来，唐玄宗精神崩溃，他被叛军吓破了胆，从而产生了逃跑的念头。

唐玄宗是怎样知道潼关失守的消息呢？因为他没有看到"平安火"。所谓平安火，实际上是烽火。唐朝边境镇戍，"凡烽候所置，大率相去三十里"[17]。每一烽火台置帅一人，副一人。遇到敌情，燃放烽火，以一、二、三、四炬为差，表示敌人多少。安史之乱爆发以后，从潼关到长安恢复了烽候设施，每晚通过点燃烽火的形式向长安城中通报平安。天宝十五载六月初九，唐玄宗派李福德、刘光庭等统帅监牧兵去支援哥舒翰。增援部队还没有到达潼关，哥舒翰就已经战败被俘了。夜幕降临，再也没有人点燃平安火了。

史载:"辛卯之夕,平安火不至,玄宗惧焉。"[18]也就是说,由于没有看到平安火,唐玄宗害怕起来。自安禄山范阳起兵以来,玄宗先是不信,后来既惊又怒,在估量敌我实力时,还是盲目自信的。现在"平安火不至",他有一种不祥的预感,知道潼关已失,叛军就要兵临城下了。

六月初十,唐玄宗在兴庆宫召见宰相杨国忠,紧急商议对策。杨国忠"首唱幸蜀之策"[19],成为第一个提出逃往四川计划的人。杨国忠为什么要提出逃往四川的计划呢?因为安禄山起兵,打出诛杨国忠的旗号。杨国忠最怕安禄山,四川是他经营过的地方,且地处西南,比较偏远,可以避开叛军的锋芒。于是,"乃布置腹心于梁、益间,以图自全之计"[20]。唐玄宗犹豫未决。

六月十一日,杨国忠在朝堂召集百官,"命朝官报潼关之败。访以救援安危之策"。大臣张均等百余人皆唯唯不对。监察御史高适提议:"请即日召募城中敢死之士及朝官各率家僮子弟出军防遏。"[21]具体建议是实行紧急动员,"竭禁藏募死士抗贼"[22],以百官子弟与豪杰为主组成十万大军,与叛军决一死战。但这个建议遭到了文武百官的反对。杨国忠垂泣良久,说道:"人上书言禄山反状已十年,帝不信。今日之事,非宰臣之过。"[23]把时局逆转的责任推到唐玄宗身上。罢朝之后,匆忙叫上韩国夫人和虢国夫人前往兴庆宫,共同劝唐玄宗赶快入蜀。

六月十二日清晨,唐玄宗决计"幸蜀",但他却放出了要亲征的烟幕。他来到勤政楼上,看见入朝的大臣寥寥无几,心中十分悲凉,强打精神,宣布亲征。当时,叛军离长安城尚有数百里之遥,如果下定决心,上下动员,保卫长安,这也不是完全不可能做到的事。因此,组织亲征不失为挽救危局的措施。但遗憾的是,唐玄宗的亲征,是玩弄骗人的把戏。从表面上看,皇帝要亲赴前线了。实际上,他是要金蝉脱壳，准备逃跑。当天下午，唐玄宗从兴庆宫移仗"北内"，也就是西内苑禁区的未央宫。晚上，唐玄宗密令龙武大将军陈玄礼整顿禁军，厚赐钱帛，挑选良马九百余匹，以供保驾之用。

六月十三日凌晨，唐玄宗离开长安。当时刚刚下过小雨，"微雨沾湿"[24]。唐玄宗和杨贵妃姐妹、皇太子、亲王、妃主、皇孙、杨国忠、韦见素、高力士、魏方进、陈玄礼以及亲近宦官、宫人，在禁军的保护下，秘密地离开未央宫，西出延秋门，踏上了逃亡的"幸蜀"之路。

据说在经过左藏库时，杨国忠"请焚库积，无为盗守"。唐玄宗不同意，他制止说："盗至，若不得此，必厚敛于人。不如与之，无重困吾民也。"旁边的人都被他的善心感动了，"闻者皆感激流涕"[25]。天刚蒙蒙亮，逃亡队伍匆匆地过了渭水上的便桥。大队人马过后，杨国忠下令烧毁便桥。玄宗又说："今百姓苍惶，各求生路，何得断绝！"[26]希望给逃亡的百姓留下一条生路。

当时，大臣们还不知道玄宗离开长安的消息，依旧到兴庆宫"入朝"。"至宫门，犹闻漏声，三卫立仗俨然。"宫门开启，内宫里人慌慌张张地跑出来，说是皇帝不见了。于是朝堂上一片哗然，随后整个宫城陷入极大的混乱之中："王公、士民四出逃窜，山谷细民争入宫禁及王公第舍，盗取金宝，或乘驴上殿。"[27]有人焚烧左藏大盈库，火光冲天。安禄山叛军远在潼关，根本不知唐玄宗逃离的消息，而长安城就已经开始遭受劫难。

上午九点左右，杨贵妃与唐玄宗一行到达咸阳东边的望贤宫。玄宗在离开长安前曾"告谕郡县置顿"[28]，希望地方官安排他们的食宿。但乱动已经开始，官吏四散逃亡，没有人出来接待，"乘舆出城，道路略无储备"[29]。直到中午，杨贵妃等人还没有饭吃，"行从皆饥"。唐玄宗坐在望贤宫前的大树下休息，据说他心灰意冷，"惘然有弃海内之思。高力士觉之,遂抱上足呜咽。开谕,上乃止。"[30]也就是说,唐玄宗产生了自杀的念头,高力士发现后对他进行开导,情况才有所好转。杨国忠看到玄宗没有饭吃,就到市集上弄些胡饼来充饥。老百姓也送来一些用麦豆做成的粝饭,皇孙辈争着以手掬而食之,须臾而尽,犹未能饱。目睹此情此景,唐玄宗不禁掩面而泣。尚食官送来了御膳,玄宗命先赐随从官员,然后自己才吃。同时,令禁军士卒分散到各个村落"求食"。

就在唐玄宗"掩泣"之时,有个叫郭从谨的老父进言说:"禄山包藏祸心,固非一日;亦有诣阙告其谋者,陛下往往诛之,使得逞其奸逆,致陛下播越。是以先王务延访忠良以广聪明,盖为此也。臣犹记宋璟为相,数进直言,天下赖以安平。自顷以来,在廷之臣以言为讳,惟阿谀取容,是以阙门之外,陛下皆不得而知。草野之臣,必知有今日久矣,但九重严邃,区区之心无路上达。事不至此,臣何由得睹陛下之面而诉之乎!"[31]这段话指出安禄山叛乱的祸根在玄宗之不明,在于丢弃了开元时期任贤用能与容纳谏诤的原则。唐玄宗深情地说:"此朕之不明,悔无所及。"[32]自登上帝位四十几年来,他从来没有像今天这样悔恨过自己。

下午,逃亡的队伍继续西进,大约在半夜时分,到了金城县(今陕西兴平)。这时,队伍里很多人不见了,连内侍监袁思艺也逃走了。智藏寺僧徒送来一些刍粟,勉强供食。深夜"驿中无灯,人相枕藉而寝,贵贱无以复辨"[33]。就在这天晚上,唐玄宗接见了从潼关逃回的将领王思礼,知道了哥舒翰被俘的事实。玄宗封王思礼为河西、陇右节度使,即令赴镇,收合散卒,以便东征叛军。

三、香消玉殒

天宝十五载六月十四日,是逃离长安的第二天。上午,杨贵妃与唐玄宗一行从金城出发,走了二十多里路,到了马嵬驿。中午时分,"将士饥疲,皆愤怒。"[34]"六军不进,请诛杨氏。"[35]结果,发生了震惊朝野的"马嵬兵变"。

关于马嵬兵变的经过,文献中有比较详细的记载:六月十四日午后,又饥又疲的军士们愤怒不已,陈玄礼召集诸将[36]说:"今天子震荡,社稷不守,使生人肝脑涂地,岂非国忠所致!欲诛之以

杨贵妃之死

谢天下,云何?"众将异口同声地表示:"念之久矣,事行身死,固所愿。"

这时,吐蕃"和好使"二十余人在驿站西门外挡住杨国忠的坐骑,要求给他们提供饭食。将士们看到这种情况,大呼"国忠与胡虏谋反",并向他射箭。杨国忠马鞍中箭,急忙跳下向西门奔跑。军士们紧追不舍,将他杀死,"以枪揭其首(头)于驿门外"。

龙武军接着杀死了杨国忠的儿子杨暄及韩国夫人。[37]御史大夫魏方进只说了一句"何故杀宰相",也被愤怒的军士杀死了。左相韦见素闻乱而出,被打得头破血流。有人呼叫"勿伤韦相",才免于一死。虢国夫人和杨国忠的夫人裴氏"闻难作,奔马至陈仓",遭到县令薛景仙的追捕。裴氏先死,虢国夫人自刎未遂,被捕,问狱吏说:"国家乎?贼乎?"狱吏回答说:"互有之"。之后血卡喉咙,一命呜呼。[38]

杨国忠被杀时,杨贵妃和唐玄宗正在驿亭里休息。唐玄宗听到

喧哗声，询问发生了什么事。旁边侍者说是杨国忠谋反。玄宗不太相信，问道："国忠遂反耶？"[39]事实上，杨国忠绝没有造反的企图，谋反不过是诛杀杨国忠的一个借口而已。安史之乱爆发后，"天下以杨国忠骄纵召乱，莫不切齿"[40]。"祸由杨国忠"的舆论如此强烈，他还是感受到的。在群情激愤的局势下，玄宗也只好"杖屦出驿门，慰劳军士"[41]，希望事态尽快平息下去。

然而，令唐玄宗意外的是"六军不散"，将士们仍然紧紧地包围着驿站。玄宗下令收队，却无人从命，便派高力士去宣问，将士的回答是"贼本尚在"[42]，把矛头指向了杨贵妃。杨贵妃在突然之间到了生死的关头。陈玄礼对高力士说："国忠谋反，贵妃不宜供奉，愿陛下割恩正法。"高力士转告了将士意见，玄宗说："朕当自处之。"然后"入门，倚杖倾首而立"。当时，他的心里一定很痛苦，也一定很矛盾。他和杨贵妃关系非常好，他是绝对不忍心别人杀掉杨贵妃的。然后唐玄宗就说：朕自处之。说这件事由他来处理。然后他回到驿站，拄着拐杖，耷拉着脑袋，在这个时候一言不发。他久久地站在那里，他在想什么？我想他肯定不是想如何处死杨贵妃，他肯定是在想，如何让这些哗变的士兵消消气，如何使他心爱的人不要去死。他想为杨贵妃找到一条生路。但他没有好的办法。

正当他沉思的时候，宰相韦见素的儿子韦谔来到唐玄宗身边，他对唐玄宗说：在众怒难犯的情况下，危险非常之大，皇帝陛下您还是早早断绝吧。唐玄宗这个时候很不高兴，他反驳说："贵妃常居深宫，安知国忠反谋？"杨贵妃一直居住在深宫中，她怎么知道杨国忠会造反呢？说她是同犯是共谋，有什么根据？

唐玄宗一心要为杨贵妃寻找生路。但是他没有想到，他最信任的宦官高力士在这个时候也开腔了。高力士走到他的跟前说："贵妃诚无罪，然将士已杀国忠，而贵妃在陛下左右，岂敢自安！愿陛下审思之,将士安则陛下安矣。"[43]也就是说,这些哗变的士兵,已经把杨国忠杀了,杨国忠是杨贵妃的远房亲戚。现在杨贵妃还在您的身边,如果将来杨贵妃在您身边说起什么,这些将士可能会有危险。所以他们心里肯定很不安,您想想这个道理。现在是关键时刻,只有将士安,陛下您才能安。

听了高力士的话,唐玄宗才意识到,他自己其实也处于一种非常危急的关头。如果不杀杨贵妃,也许他自己的老命也保不住了。在生死的关头,也就是在抉择生与死的关键时刻,唐玄宗抛弃了七夕的誓言:在天愿作比翼鸟,在地愿为连理枝。他做出了一个决定,那就是舍弃贵妃。他决定了赐贵妃死,并且让高力士去执行。就这样,一代美人杨贵妃走到了生命的尽头,这是杨贵妃根本没有想到的。

杨贵妃在离开长安之后,她想着她和唐玄宗一块儿逃到四川去,将来组织抵抗,有朝一日还能回到长安,然后白头到老。她没有想到,就在他们刚刚逃离长安的第二天,就在现在,有了生命的危险。据说,唐玄宗在做出了这个决定以后,他要和杨贵妃去告别,进行诀别。正所谓"百年离别在须臾,一代红颜为君尽"。

杨贵妃是怎样死的呢?流行的说法是被高力士缢杀的。陈鸿《长恨歌传》说杨贵妃"竟就死于尺组之下。"《唐国史补》:"命高力士缢贵妃于佛堂前梨树下"。《杨太真外传》中除因袭《唐国史补》的说法外,还增添了诀别的对话:杨贵妃说:"愿大家(皇帝)好住。妾诚负国恩,死无恨矣。乞容礼佛。"唐玄宗说:"愿妃子善地受生。"《旧唐书》载:"帝不获已,与妃诀,遂缢死于佛室。时年三十八,瘗于驿西道侧。"《资治通鉴》云:"上乃命力士引贵妃于佛堂,缢杀之"。《明皇杂录》"高力士以罗巾缢之"与《长恨歌传》"死于尺组之下"的说法是一致的。

根据上述记载,我们大体可以还原杨贵妃被缢杀的情景:唐玄宗到杨贵妃跟前来，他向杨贵妃说了杨国忠被杀，将士现在逼宫，围困了马嵬驿，要求斩杀杨贵妃这样的事实。说他没有办法，只好让杨贵妃去死。杨贵妃当时心里很难过，她欲哭无泪，没有向唐玄宗哀求，只是对唐玄宗说：你好好活着，我死无恨。表示为了安抚将士，为了平息这些将士的怒气，她自己宁愿去死。但是她有一个要求，希望能够在临死之前去礼佛。于是，唐玄宗就让高力士带着杨贵妃来到马嵬驿前面的佛堂之下。杨贵妃进入佛堂，她双膝跪倒在佛祖的雕像之前，双手合十开始向佛祖祈祷。而高力士，则在佛堂外的梨树上，挂起了一条罗巾。杨贵妃在佛堂里面是如何祈祷的，我们不得而知。也许她是在乞求佛祖保佑她，保佑唐玄宗。也许她是希望他们来世还能在一起。就在这时，马嵬驿外面又传来了哗变士兵的呐喊声，而这个声浪一浪高过一浪。高力士进入佛堂，来催促杨贵妃，杨贵妃离开佛堂，来到梨树之下，踩上了凳子，把罗巾套在了脖子上。高力士蹬掉了凳子，倾国倾城的杨贵妃就这样被缢杀了。

还有一种说法，认为杨贵妃是吞金而死的。唐人刘禹锡在《马嵬行》诗中写道："绿野扶风道，黄尘马嵬驿。路边杨贵人，坟高三四尺。乃问里中儿，皆言幸蜀时，军家诛佞幸，天子舍妖姬。群吏伏门屏，贵人牵帝衣。低回转美目，风日为无晖。贵人饮金屑，倏忽舜英莫。"[44]这种说法似乎也有一定的可能性。

根据刘禹锡的说法，我们也可以还原杨贵妃吞金而死的情形：唐玄宗要和杨贵妃去告别，他们两个人来到一间屋子里，那些官吏们趴在门外面看，说杨贵妃其实不想死，当唐玄宗向她告知了杨国忠被杀，杨氏外戚被灭族的消息时，杨贵妃很悲痛，她向唐玄宗乞求，乞求唐玄宗救她。她拉着唐玄宗的袖子跪在他的面前，而唐玄宗呢？表示无能为力。他回过头去，向杨贵妃挥了挥手。杨贵妃在万般无奈的情况下回眸一笑，就像她当年入宫时回眸一笑一样，然后就端起了唐玄宗为她准备的金屑，一饮而下。一代美人，就这样香消玉殒了。

无论是缢杀也好，吞金也罢，总而言之，杨贵妃是死了。贵妃死时，只有三十八岁。杨贵妃死后，高力士将她的遗体放在大堂上让陈玄礼等验尸，兵变才宣告结束。

兵变结束后，陈玄礼对唐玄宗谢罪说："国忠挠败国经，构兴祸乱，使黎元涂炭，乘舆播越，此而不诛，患难未已。臣等为社稷大计，请矫制之罪。"据陈玄礼所言，他们之所以要杀杨国忠，是因为他有两宗罪：其一，"黎元涂炭"，百姓蒙难；其二，"乘舆播越"，皇帝出奔。唐玄宗安抚说："朕识之不明，任寄失所。近亦觉悟，审其诈佞，意欲到蜀，肆诸市朝。今神明启卿，谐朕夙志，将畴爵赏，何至言焉。"[45]听了这话，"玄礼等皆呼万岁，再拜而出，于是始整部伍为行计"[46]。

马嵬兵变是非常重大的历史事件，它直接导致了杨氏外戚的覆灭和杨贵妃的死亡。从表面上看，马嵬兵变是一个偶然事件，是由于将士们来到马嵬以后又饥又渴，然后怨言四起，陈玄礼没有办法，为了安抚将士才发动的兵变。兵变的目的是要杀掉杨国忠，因为杨国忠是导致天宝之乱的罪魁祸首，杨贵妃只不过是受到连坐，受到牵连而已。但实际上，问题并不这么简单。从整个事变的过程来看，这场兵变实际上是一场有组织、有计划的军事政变。

《旧唐书·杨贵妃传》载："至马嵬，禁军大将陈玄礼密启太子，诛国忠父子。""密启太子"似陈玄礼在召集诸将商议之前，便获得了太子的支持，陈玄礼才敢于公开扬言诛国忠"以谢天下"。陈玄礼主动争取太子的支持，而不是太子李亨唆使陈玄礼发动兵变。《旧唐书·韦见素传》载："次马嵬驿，军士不得食，流言不逊。龙武将军陈玄礼惧其乱，乃与飞龙马家李护国谋于皇太子，请诛国忠，以慰士心。"《新唐书·李辅国传》中只说："陈玄礼等诛杨国忠，辅国（即李护国）豫谋"。司马光也不提"密启太子"，只说"陈玄礼以祸由杨国忠,欲诛之,因东宫宦者李辅国以告太子,太子未决"。从这些记载来看,实施政变的关键人物是龙武大将军陈玄礼。但陈玄礼作为禁军首领,本来是护卫唐玄宗"幸蜀"的,他为什么要在艰难时刻节外生枝,杀死与他一道为玄宗"幸蜀"尽心尽力的杨氏兄妹呢?杀死杨氏兄妹对他有什么好处呢?

看来,在政变的幕后,还是有主谋的。那么,这场兵变的主谋是谁?对此,学术界曾进行过一些探究。一种意见认为,马嵬兵变的真正后台是宦官高力士。他既能控制禁军、指使陈玄礼,又和宰相杨国忠有不可调和的矛盾。马嵬兵变是一场内廷宦官和外朝宰相之间的斗争。另一种意见认为,马嵬兵变是太子李亨发动的。李亨发动兵变,目的在于诛杀杨国忠和杨贵妃。这两种观点究竟哪种接近事实真相呢?

高力士确实具备控制与指挥禁军的条件,高力士与杨国忠之间确实也有一定的矛盾,其性质属于内廷宦官和外朝宰相之间的矛盾。天宝十三载(754)高力士伏奏曰:"开元二十年以前,宰臣受职,不敢失坠,边将承恩,更相戮力。自陛下威权假于宰相,法令不行,灾眚备于岁时,阴阳失度,纵为轸虑,难以获安,臣不敢言,良有以也。"[47]这里竭力攻击宰相杨国忠,表达对局势发展的忧虑。在马嵬兵变的过程中,御史大夫魏方进和左相韦见素出来制止,结果一个被杀,一个挨打。唯独高力士悠然在驿亭中,没有"闻乱而出",估计是知道陈玄礼的谋划,并从心里赞赏诛杀杨国忠的行动。紧接着,高力士支持将士们处置杨贵妃的要求,并劝说唐玄宗赶快下决心。但是如果断言高力士"指使陈玄礼下毒手",只是逻辑推论而已。因为我们从史书中找不到直接的证据。没有资料可以证明,高力士在暗中策动与指使陈玄礼发动兵变。

陈玄礼是专门负责唐玄宗安全的。按理说,如果出现军情不稳的情况,他应当向唐玄宗汇报,并与其商量对策,为什么要"密启太子"

呢？事实上，如果没有太子亨的支持，陈玄礼怎么敢杀死权倾内外的宰相，同时杀死深受唐玄宗宠爱的杨贵妃？显然，太子亨才是兵变的后台导演。

太子亨为什么要杀杨国忠？因为杨国忠与太子亨之间存在着尖锐的矛盾。洛阳沦陷后，唐玄宗准备御驾亲征，让皇太子监国，国忠大惧，回到府第对杨氏姐妹说："我等死在旦夕。今东宫监国，当与娘子等并命矣。"杨氏姊妹哭诉于贵妃，"贵妃衔土请命，其事乃止"。[48] 可见太子与杨国忠兄妹之间已是你死我活的关系。

唐玄宗与太子亨之间也有矛盾。太子亨是玄宗的第二个儿子，开元二十六年（738）被立为皇太子而不为玄宗所喜。玄宗晚年宠爱杨贵妃，沉溺于歌舞酒色之中，把政事交给奸相李林甫、杨国忠和宦官高力士处理。李林甫和杨国忠为了自己的既得利益，多次企图动摇李亨的皇太子地位，造成了太子亨对自己前途的忧虑和对唐玄宗的怨恨。

因此太子支持陈玄礼发动兵变，就为自己消灭了最大的政敌，夺取最高权力。由于杨贵妃曾对太子亨产生过不利的影响，太子亨对此一直怀恨在心，因此，在杀死杨国忠后不肯罢手，必欲置杨贵妃于死地而后快。至于不向玄宗动手，则是为了避免"弑君"的嫌疑。这大概就是马嵬兵变的真相。

杨贵妃死后，马嵬兵变平息。唐玄宗和高力士坚持按原计划奔赴蜀郡，而太子亨等则拉了一支队伍，与他分道扬镳了。天宝十五载六月十四日，兵变闹到傍晚才止息，队伍只好在马嵬驿过夜。次日，大队人马准备出发时，发生了意见分歧：有的认为蜀郡将吏与杨国忠有"连谋"，有的主张到太原，有的提议到朔方，有的主张到西凉，有的说返回京师。高力士说："太原虽固，地与贼邻，本属禄山，人心难测。朔方近塞，半是蕃戎，不达朝章，卒难教驭。西凉悬远，沙漠萧条，大驾顺动，人马非少，先无备拟，必有阙供，贼骑起来，恐见狼狈。剑南虽窄，土富人繁，表里江山，内外险固；以臣所料，蜀道可行。"[49]韦谔则说："还京，当有御贼之备。今兵少，未易东向，不如且至扶风，徐图去就。"唐玄宗不敢独断专行，"询于众，众以为然，乃从之。"[50]

唐玄宗准备出发，据说百姓父老"遮道请留"，希望皇帝不要离开宫阙陵寝所在的关中。玄宗按辔久之，最终还是西行了。玄宗令太子于后宣慰父老，然而，父老说："至尊既不肯留，某等愿帅子弟从殿下东破贼，取长安。若殿下与至尊皆入蜀，使中原百姓谁为之主？"[51]太子的两个儿子及李辅国也都劝太子留下来。"父老共拥太子马，不得行。"其实太子"不得行"是他故意为留下而制造的假象。史载李辅国"侍太子扈从至马嵬，乃献策请分兵北如朔方，以图兴复"[52]。李辅国还密启太子妃张良娣，张良娣"又赞其谋，遂定计北趋灵武"，太子的两个儿子广平王李俶和建宁王李倓，也鼓吹另立山头。于是，太子李亨利用父老们的请求，装出一副不得行的样子，以达到发展个人独立势力的目的。

玄宗走了一段路，停下来等候太子，但久等太子不来，才意识到太子可能另有打算，不禁长叹一声"天也"。自逃离京师，仅仅三天时间，宰相杨国忠和魏方进被杀了，内侍监袁思艺投奔安禄山去了，杨贵妃被缢死了，太子李亨又不来了，真是众叛亲离！玄宗被迫分出后军二千人及飞龙厩马，调拨给太子；又把东宫内人包括张良娣送到太子那里。然后在高力士、韦见素以及韦谔等的陪同下，匆匆地向扶风（今陕西凤翔）行进。史学家范祖禹评论说："自是以后，天下有变，则京师不守，人主先为出计。自明皇始，其可丑也夫。"[53]

太子李亨虽然怀着早日称帝的政治野心，但他举起了一面平叛的旗帜。他有一点比年迈的唐玄宗聪明,那就是看到了人心所向。在"禄山一呼,四海震荡"的危难之际,谁能打起平叛的旗帜,谁就会得到百姓的拥护。"逆胡犯阙,四海分崩,不因人情,何以兴复!"只有顺应人情,东讨逆贼,克复两京,削平四海,才能使社稷危而复安。

六月十七日,玄宗一行到了扶风。"士卒潜怀去就,往往流言不逊,陈玄礼不能制",如果无法稳定军心,很可能会闹出新的兵变。恰好在这个时候,成都进贡的十余万匹春彩运至扶风。玄宗说"朕比来衰耄,托任失人,致逆胡乱常,须远避其锋。知卿等皆苍猝从朕,不得别父母妻子,芨涉至此,劳苦至矣,朕甚愧之。蜀路阻长,郡县褊小,人马众多,或不能供,今听卿等各还家,朕独与子、孙、中官前行入蜀,亦足自达。今日与卿等诀别,可共分此彩以备资粮。若归,见父母及长安父老,为朕致意,各好自爱也!"分赐春彩,与其说是提供遣返士卒的资粮,毋宁说是笼络军心,将士们面对"泣下沾襟"的皇帝,便表示"臣等死生从陛下,不敢有贰"。[54]于是军心稳定下来。

六月十九日,玄宗一行从扶风出发,夜宿陈仓(今陕西宝鸡),次日到达陈仓县西南的大散关。六月二十四日,抵达河池郡(今陕西凤县)。然后沿嘉陵江向南翻山越岭,穿过险峻的剑门关,于七月十三日到达普安郡(今四川剑阁)。七月十九日抵达巴西郡(今四川绵阳东)。在这个过程中,唐玄宗时常想念贵妃。《明皇杂录》补遗载:"明皇既幸蜀,西南行初入斜谷,属霖雨涉旬,于栈道雨中闻铃,音与山相应。上既悼念贵妃,采其声为《雨霖铃》曲,以寄恨焉。"

七月二十九日,玄宗终于到达成都。从六月十三日逃离长安算起,整整经历了四十六天。当初扈从官吏军士数千人,现在到达成都的只有一千三百人,宫女二十四人而已。八月初二颁布了《幸蜀郡大赦文》。赦文首先重申了皇帝陛下之"不明":"朕以薄德,嗣守神器,何尝不乾乾惕励,勤念苍生。……奸臣凶党,负信背恩。创剥我黎元,

唐李昭道《明皇幸蜀图》（局部）

暴乱我函夏，皆朕不明之过，岂复尤人哉！"[55]过错全在于"朕不明"。其次，重申了普安时已提出的战略部署："朕用巡巴蜀，训励师徒，命元子（太子李亨）北略朔方，诸王分守重镇，合其兵势，以定中原。"第三，提出了对待叛乱胁从官员的新政策："安禄山胁从官，有能改过自新，背逆归顺，并原其罪，优与官赏。"最后，表示要振奋精神，号召"约法惟新"："将荡涤烦苛，大革前弊，思与亿兆，约法惟新。"[56]还强调"思与群臣重弘理道，可大赦天下"。[57]这一纸大赦令，是唐玄宗作为皇帝颁布的最后一道诏书，它标志着唐玄宗统治时代的结束。

八月十二日，即到达成都后的第十四天，灵武使者送来了七月十三日唐肃宗即位的消息。这是完全出乎意料的事。玄宗心里一定很生气，但他无可奈何，表面上只得装出一副高兴的样子，对身边的人说："吾儿应天顺人，吾复何忧。"[58]过了四天，即八月十六，玄宗颁布了《命皇太子即皇帝位诏》："今宗社未安，国家多难，宜令即皇帝位，朕称太上皇。且天下兵权，宜制在中夏，朕据巴蜀，应卒则难。其四海军权，先取皇帝处分，然后奏朕知。待克复上京，朕将凝神静虑，偃息大庭也。"[59]皇太子早已即皇帝位了，他这样做只不过是为自己被迫"让位"挽留点面子罢了。八月十八日，命左相韦见素、宰臣房琯与崔涣等带着传国宝玉册到灵武，举行"传位"仪式。同时，又让贾至代拟了《皇帝即位册文》，叫韦见素等带到灵武去交给唐肃宗。韦见素、房琯等奉传国宝玉册赴灵武，前前后后花了两个多月，才完成了"传位"的全过程。

唐玄宗到达四川后，在成都待了一年另两个多月。在政治上没有什么新的建树，但给蜀川士庶留下了较好的印象。至德二载（757）九月，唐军收复两京。十月，唐肃宗派中使啖廷瑶入蜀，上表请太上皇玄宗返回京师。于是，唐玄宗、高力士、陈玄礼以及禁军六百余人，沿着原来的路线，返回京师。

史载，玄宗一行北上，来到剑门关，心情十分激动，赋诗一首。十一月丙申到达凤翔，发生了一件很不愉快的缴械事件。唐肃宗对玄宗不放心，解散了他的卫队，由长安派来的三千精骑负责保卫。传说玄宗派宦官前往杨贵妃的墓地祭奠。李益《过马嵬二首》其二云："金甲银旌尽已回，苍茫罗袖隔风埃。浓香犹自随鸾辂，恨魄无由离马嵬。"白居易在《长恨歌》中叹道："天旋日转回龙驭，到此踌躇不能去。马嵬坡下泥土中，不见玉颜空死处。"这"踌躇"，不仅包含着对杨贵妃深沉的怀念，而且隐藏着对自己未来的忧愁。心境愈是悲凉，愈加思念故人。人已到马嵬坡，却不能尽情地祭奠一下埋葬在泥土中的杨贵妃，这是何等的悲哀啊！"不见玉颜空死处"，正是悲哀之情的抒发。

"说风流,情深怎比长生殿?论哀怨,命薄何如马嵬坡!"(徐三见联)"长生殿上,海誓山盟言犹在耳;马嵬坡前,香消玉殒恨抱终天。"(范万载联)杨贵妃死了,一代贵妃在三十八岁时香消玉殒。但是,她的故事并没有结束。千百年来,她与唐玄宗的爱情故事,成为人们谈论的话题。许多人都对她的是非功过进行了评论。有人说她是亡国祸水,死有余辜;有人说她是替罪羔羊,死得冤枉。那么,杨贵妃究竟是一个什么样的历史人物呢?我们应当怎样评价杨贵妃呢?

注释

[1]《资治通鉴》卷二一七,玄宗天宝十四载十一月条。

[2]《旧唐书》卷二〇〇上《安禄山传》。

[3]《资治通鉴》卷二一七,玄宗天宝十四载十一月条。

[4]《资治通鉴》卷二一七,玄宗天宝十四载二月条。

[5]《安禄山事迹》卷中。

[6]《旧唐书》卷一〇四《封常清传》。

[7]《资治通鉴》卷二一七,玄宗天宝十四载十一月条。

[8]《旧唐书》卷一八七下《张介然传》。

[9]《全唐文》卷三三。

[10]《旧唐书》卷一〇四《封常清传》。

[11]《安禄山事迹》卷下。

[12]《旧唐书》卷一〇四《高仙芝传》。

[13]《资治通鉴考异》卷一四。

[14]《资治通鉴》卷二一七,玄宗天宝十四载十二月条。

[15]《资治通鉴》卷二一七,玄宗天宝十四载十二月条。

当时，秦国夫人已死。

[16]《资治通鉴》卷二一七，玄宗天宝十四载十二月条。

[17]《唐六典》卷五《尚书兵部》。

[18]《安禄山事迹》卷下。

[19]《资治通鉴》卷二一八，肃宗至德元载六月条。

[20]《旧唐书》卷一〇六《杨国忠传》。

[21]《册府元龟》卷三三六。

[22]《新唐书》卷一四三《高适传》。

[23]《册府元龟》卷三三六。

[24]《旧唐书》卷九《玄宗本纪下》。

[25]《唐语林》卷一。

[26]《安禄山事迹》卷下。

[27]《资治通鉴》卷二一八，肃宗至德元载六月条。

[28]《资治通鉴》卷二一八，肃宗至德元载六月条。

[29]《册府元龟》卷三一五。

[30]《资治通鉴考异》卷十四。

[31]《资治通鉴》卷二一八，肃宗至德元载六月条。

[32]《资治通鉴》卷二一八，肃宗至德元载六月条。

[33]《资治通鉴》卷二一八，肃宗至德元载六月条。

[34]《资治通鉴》卷二一八，肃宗至德元载六月条。

[35]《旧唐书》卷一〇《肃宗本纪》。

[36]《新唐书》卷二〇六《杨国忠传》谓陈玄礼与"诸将"商议，较妥。此处引言即从《新唐书》。而《旧唐书》卷一〇六《杨国忠传》作"先谓军士（士兵）"，似不合情理。

[37]《资治通鉴》卷二一八载，被杀的人中有"秦国夫人"，这一记载是错误的。秦国夫人此前早已死亡。

[38]参见《旧唐书》卷五一《玄宗杨贵妃传》。

[39]《新唐书》卷二〇六《杨国忠传》。

[40]《资治通鉴》卷二一八，肃宗至德元载五月条。

[41]《资治通鉴》卷二一八，肃宗至德元载六月条。

[42]《旧唐书》卷五一《玄宗杨贵妃传》。

[43]《资治通鉴》卷二一八，肃宗至德元载六月条。

[44]《刘禹锡集》卷二六《马嵬行》。

[45]《旧唐书》卷一〇六《杨国忠传》。

[46]《资治通鉴》卷二一八，肃宗至德元载六月条。

[47]《虞初志》卷六。

[48]《旧唐书》卷一〇六《杨国忠传》。

[49]《资治通鉴》卷二一八，肃宗至德元载六月条，胡三省注。

[50]《资治通鉴》卷二一八，肃宗至德元载六月条。

[51]《资治通鉴》卷二一八，肃宗至德元载六月条。

[52]《册府元龟》卷六六八。

[53]《唐鉴》卷五。

[54]《资治通鉴》卷二一八，肃宗至德元载六月条。

[55]《全唐文》卷四〇。

[56]《全唐文》卷四〇。

[57]《旧唐书》卷九《玄宗本纪下》。

[58]《资治通鉴》卷二一八，肃宗至德元载八月条。

[59]《全唐文》卷三三。

第十二讲　谜样传奇

　　大唐贵妃杨玉环，一代红颜在马嵬驿香消玉殒。但是大诗人白居易的一句"马嵬坡下泥土中，不见玉颜空死处"，却让人对杨贵妃的死，萌生无限揣测。围绕杨贵妃死亡的谜团，后世出现了很多传说。那么，杨贵妃究竟是自缢身亡还是流亡海外？这位曾经陪伴唐玄宗十六年的红颜知己走后，唐玄宗将会如何度过他最后的岁月？关于杨贵妃与唐玄宗的爱情，千百年来，褒贬不一，争论不休。红颜祸水？替罪羔羊？身后任评说。这位马蹄硝烟下的乱世佳人，这位谜一样的奇女子，用她的一生为我们谱写出了一曲婉转动人的长恨歌！

马嵬兵变直接导致了杨氏外戚的覆灭和杨贵妃的死亡。一代红颜在马嵬驿香消玉殒。然而，民间却流传着杨贵妃未死的传说。唐玄宗在失去皇位之后，也表现出对杨贵妃无尽的思念。千百年来，唐玄宗与杨贵妃的爱情故事，成为人们谈论的重要话题。有人认为杨贵妃是亡国祸水，死有余辜；有人则说杨贵妃是替罪羔羊，死得冤枉。那么，杨贵妃究竟是一个什么样的历史人物？我们究竟应当怎样评价杨贵妃呢？

一、贵妃"复活"

杨贵妃出家当女道士的传说是这样讲的：马嵬兵变时，唐玄宗与杨贵妃的感情依然很深，不肯将她交出，仓促之际，另觅替身。把杨贵妃让使者牵去，"藏匿远地了"。正因为如此，白居易在《长恨歌》中闪闪烁烁，说"马嵬坡下泥土中，不见玉颜空死处"；唐玄宗才"悲悼妃子，无日无之"，"三载一意，其念不衰"，才有派临邛道士到处搜寻之举。杨贵妃流落民间，当了女道士。她当女道士的地方在四川广元。现在那里还有她的墓地。

杨贵妃东渡日本的传说则讲：高力士奉命用罗巾把杨贵妃缢死以后，陈玄礼即令哗变士兵解围。宫女在给贵妃整衣时，发现她一息尚存，还没有断气，就立即用按摩等办法予以抢救。结果杨贵妃奇迹般地复活了。在别人的帮助下机智地避开龙武官兵，离开马嵬，昼伏夜行，随逃难的人群经襄阳顺江而下，到达扬州。后来几经周折，结识了日本遣唐使藤原，又随藤原漂洋过海，在日本奈良附近的和歌山一带住下，还曾受到孝谦女皇的接见。今日本荻町和久津有两座杨贵妃墓。日本还有人认为自己是杨贵妃的后代。还有一个传说，杨贵妃是名古屋的热田大明神的化身。唐玄宗要讨伐日本，大明神化为绝世美女，前往唐土，迷倒玄宗，所以玄宗忘却了攻击日本的计划。贵妃死后，灵归热田。

从历史的角度来看，这两种说法都没有确凿的证据。流落民间说主要依靠白居易的《长恨歌》，但《长恨歌》里并没有明确说杨贵妃出家当道士或东渡日本。东渡日本说的主要根据是日本的民间传说和小说《杨贵妃外传》。传说和小说更不可完全相信。

马嵬兵变是陈玄礼等人在太子李亨的指使下发动的，其目的完全是要铲除杨氏势力，夺取最高统治权。在马嵬兵变中，杨国忠父子被杀后，陈玄礼并没有下令收兵，而是让军士将驿站团团围住，表示不杀杨贵妃誓不罢休。在这种情况下，玄宗已经是自身难保，杨贵妃哪里还有继续生存下去的可能！《资治通鉴》载：贵妃被缢后，玄宗"舆尸置驿庭，召玄礼等入视之。玄礼等乃免胄释甲，顿首请罪"。这样杨贵妃怎样能流落民间，又怎样能够到达日本呢？史载贵妃被杀后，即被草草埋在马嵬驿道边。玄宗自蜀而归，曾密遣内侍改葬贵妃。内侍改葬贵妃时，发现贵妃肌肤已坏，而香囊犹在。可见杨贵妃在马嵬兵变中确实是死了。至于内侍把杨贵妃改葬到了什么地方，文献中没有留下明确的记载，已经不得而知了。

杨贵妃确实死在了马嵬，那里是她生命的终点。大家知道，唐玄宗曾经长期专宠杨贵妃，两个人还曾在长生殿盟誓，表示"在天愿作比翼鸟，在地愿为连理枝"。那么，在生死的关键时刻，身为一国之君的唐玄宗为什么不出手相救呢？从当时的情况来看，唐玄宗不是不想救，是他没法救，根本救不了。

高力士后来回忆马嵬兵变，认为杨贵妃的死，是因为"一时连坐"的缘故，也就是说，由于官兵憎恨杨国忠，也把杨贵妃牵连进去了。其实，哗变的将士在杀死杨国忠后，继续包围驿站，强调"贼本尚在"，摆出一副不杀贵妃决不罢手的架势。陈玄礼出面对唐玄宗讲："贵妃不宜供奉"，希望玄宗"割恩正法"。因为他们知道，杨国忠是杨贵妃的堂兄，杀了杨国忠就等于得罪了杨贵妃。如果让杨贵妃继续留在皇帝身边，那他们是何等的危险！因此，他们逼着唐玄宗非杀杨贵妃不可。

对唐玄宗而言，杀死杨国忠尚可容忍，但要杀杨贵妃肯定是一件极为痛苦的事情。他和高力士一样明白"贵妃诚无罪"，贵妃身居内宫，不涉朝政，不是政治性人物，其堂兄的种种专权误国行为，不能由她来承担。但面对包围驿站执意要杀杨贵妃的将士，高力士深知"众怒难犯"，唐玄宗也失去了保护杨贵妃的能力。外有将士们与陈玄礼的威迫，内有韦谔与高力士的劝说。在这种情况下，唐玄宗还能做什么呢？只能做出赐死贵妃的决定。

从马嵬兵变的形势来看，杨贵妃是非死不可的，缢杀之后，尸体置于庭院，召陈玄礼等将士们进来验看。验明死尸之后，军士们的愤怒才会平息，才会继续拥护唐玄宗西奔入蜀。大约傍晚，杨贵妃的尸体被草草地埋葬在驿亭西一里左右的路旁土坡下。

高力士缢杀杨贵妃，是得到唐玄宗同意的。但玄宗始终是被迫的，是无可奈何的！后来唐玄宗与陈玄礼的对话中，都只谈杨国忠的被诛，而对杨贵妃之死只字不提，显然是隐藏着难言的痛苦与悲哀。一个有力量统治大唐帝国四十多年，并缔造"开天盛世"的天子，竟

兴平杨贵妃墓

没有能力保住一个爱妃的生命!这真是历史的讽刺。诗人李商隐对此感慨万千,他在《马嵬二首》其二中写道:"如何四纪为天子,不及卢家有莫愁。"

杨贵妃确实死在了马嵬驿。因此在马嵬驿留下了杨贵妃墓,还留下了一些关于贵妃遗物及"妃子粉"的传说。

相传杨贵妃死后,一位邮童从她身上取下了首饰,"指环照骨明,首饰敌连城。将入咸阳市,犹得贾胡惊"。一位卖茶水的老太太捡到了她的罗袜,向路人展示,"传看千万眼,缕绝香不歇"。由于来看的人多了,老太太因此而发财致富。后来,有位老僧得到贵妃遗袜,收藏了八十年,李远又从老僧手中得到了它。为此,他还专门写了《老僧续得贵妃袜》诗。李群玉又写了《李远获贵妃袜》诗作为纪念。

唐玄宗回到长安后,曾让宦官对杨贵妃进行了秘密改葬。改葬的地点在哪里,后人一概不得而知。于是人们就在杨贵妃最初下葬的地方修起了她的衣冠冢。相传贵妃墓上的土呈乳白色，年轻女子用墓上的土涂在脸上，就可以变得漂亮起来。因此，过路的人都要取土回家或作为礼物相赠，称之为"贵妃粉"[1]。

既然杨贵妃死在了马嵬，为什么民间会有她复活的传说呢？民间传说杨贵妃死而复生，反映了人们对她的同情与怀念。杨贵妃不是天宝祸乱的本源。她不仅与杨国忠不同，而且与虢国夫人也有很大差别。人们幻想已死的杨贵妃能重新复活，表达了对她无限的追念。

二、玄宗追忆

杨贵妃确实在马嵬兵变中死了，但是唐玄宗还活着。杨贵妃是唐玄宗最宠爱的妃子，他们在盛唐的历史舞台上演出了一场无与伦比的爱情戏。他们曾经在长生殿七夕盟誓，许下了"在天愿作比翼鸟，在地愿为连理枝"的誓言。然而，在马嵬兵变的时候，杨贵妃生命危在旦夕，唐玄宗却无力相救。因此，有很多人对唐玄宗表示质疑，对唐玄宗和杨贵妃的爱情表示质疑。他们认为唐玄宗是个骗子，认为唐玄宗对杨贵妃不是真心实意的，或者说不够忠诚。那么，唐玄宗与杨贵妃的感情究竟如何？唐玄宗是爱情骗子吗？对于杨贵妃的死，唐玄宗是怎样想的，又是怎样做的呢？

杨贵妃死后，唐玄宗将她草草掩埋在马嵬驿路边，然后经陈仓，翻秦岭，过剑阁，经过四十五个昼夜，到达四川成都。唐玄宗在成都待了一年多时间，然后回到长安，又经历了四年多的凄凉生活。弥留之际，他说："幸以暮年，复兹安养，常惧有悔，以羞先灵。"[2] 实际上，唐玄宗的"暮年"谈不上什么"安养"，而是在思念、悔恨、惧怕之中度过的。

史书记载："及上皇复宫阙，追思贵妃不已。"[3] 由于安史之乱，梨园子弟流散了，乐器也多亡失。玄宗重返旧宫，看到他为杨贵妃特制的玉磬仍然存在。当年杨贵妃击磬的情景历历在目，而如今，人亡器在,玄宗"顾之凄然,不忍置于前,促令送太常"[4]。

乐工贺怀智对玄宗讲,很久以前,玄宗叫他独弹琵琶,贵妃立在他旁边。忽然,一阵风来,把贵妃的领巾吹落在他的头巾上。因为贵妃的领巾有瑞龙脑的香气,所以,他回去后觉得全身香气非常,就把头巾拿下来,贮藏于锦囊中,作为留念品。说完献上锦囊。玄宗打开锦囊,闻到一股香气,哭泣着说:"此瑞龙脑香也。"[5]时隔多年,睹物思人,人亡香在,不禁泣下沾襟。

有一天,夜阑人静,玄宗登上兴庆宫勤政楼,情不自禁地唱起歌来,吩咐高力士到街坊里查找梨园旧人。第二天夜晚,玄宗、力士以及从前的贵妃侍者红桃等,又乘月夜登上勤政楼,叫梨园旧人唱一首《凉州词》,玄宗亲自吹玉笛伴奏。曲罢相睹,无不掩泣。据说,玄宗"因广其曲,今《凉州》传于人间者,益加怨切焉"。

乾元元年(758)十月甲寅,七十四岁的唐玄宗离开兴庆宫,乘坐步辇到临潼华清宫避寒。他在华清宫中特意召见了著名的女伶谢阿蛮。谢阿蛮善舞《凌波曲》,过去常入宫中,杨贵妃待她很好。现在玄宗重返华清宫,看到谢阿蛮的舞蹈,真是百感交集。谢阿蛮舞罢,拿出"金粟装臂环"给玄宗看,说这是杨贵妃赐赠的。玄宗"持之悽怨出涕,左右莫不呜咽"。[6]目睹旧物,老泪纵横,引起了对杨贵妃的无限思念。

唐玄宗这次在华清宫住了二十多天,回长安兴庆宫后,向唐肃宗提出改葬杨贵妃的要求,但未获得批准。《旧唐书·杨贵妃传》载:"上皇自蜀还,令中使祭奠,诏令改葬。"此事遭到礼部侍郎李揆的反对,理由是:"龙武将士诛国忠,以其负国兆乱。今改葬故妃,恐将士疑惧,葬礼未可行。"事情大概是这样的:玄宗返回西京后,由于"追思贵妃不已",便向肃宗提出派中使到马嵬驿祭奠。肃宗最初是同意的,下诏改葬杨贵妃。但是,礼部侍郎李揆竭力反对,葬礼也就作罢了。

既然不可能公开地举行葬礼,唐玄宗只得秘密地派宦官到马嵬驿,改葬杨贵妃。史载,刚挖开坟堆,只见紫褥包裹的尸体已经腐坏,而香囊仍在。用棺椁盛好尸体,埋葬于另一处墓地。宦官将香囊带回兴庆宫,献给了玄宗。玄宗虽然了却了改葬这件心事,但目睹香囊,凄婉流涕,仿佛杨贵妃又在眼前。于是,就叫画师王文郁画了一张贵妃像,放在别殿,朝夕视之,并写诗悼念:"万物去来,阴阳反覆。百岁光阴,宛如转毂。悲乐疾苦,横夭相续。盛衰荣悴,惧为不足。忆昔宫中,尔颜类玉。助内躬蚕,倾输素服。有是德美,独无五福。生平雅容,清缣半幅。"[7]

因改葬杨贵妃的事,唐肃宗对玄宗的态度再次发生转变。上元元年(760)七月,唐玄宗被逼迁居于西内太极宫的甘露殿,被幽禁起来了。史载,上元元年七月,李辅国率领射生手五百骑,突然而出,露刃遮道,"矫称"圣旨:"皇帝以兴庆宫湫隘,迎上皇迁居大内。"[8] 高力士喝令李辅国休得无礼,叫李辅国一起牵着太上皇的马,来到了西内太极宫。玄宗悲泣地对力士说:"微(没有)将军,阿瞒已为兵死鬼矣。"[9] 玄宗被安置在西内甘露殿以后,再也没有走出过这宫殿的范围。"西宫南苑[10]多秋草,宫叶满阶红不扫。"在凄凉的禁闭生活中,忆旧之情当然愈来愈强烈。

"适有道士自蜀来,知上皇心念杨妃如是,自言有李少君(汉代方士)之术。玄宗大喜,命致其神。方士乃竭其术以索之,不至。又能游神驭气,出天界没地府求之,不见。又旁求四虚上下,东极天海,跨蓬壶"[11],终于在海上的仙山上的"玉妃太真院"找到了杨贵妃。方士返归后,讲述了一切,玄宗震悼不已。

仙山上出现杨贵妃,这当然纯属虚构。清人赵翼在《瓯北诗话》中指出:"惟方士访至蓬莱,得妃密语、归报上皇一节,此盖时俗讹传,本非实事。明皇自蜀还长安,居兴庆宫,地迁市廛,尚有外人进见之事。

及上元元年，李辅国矫诏迁之于西内，元从之、陈元（玄，清代避讳，改玄为元）礼、高力士等，皆流徙远方，左右近侍，悉另易人。宫禁严密，内外不通可知。且〔陈〕鸿传云：上皇得方士归奏，其年夏四月，即晏驾。则是宝应元年事也。其时肃宗卧病，辅国疑忌益深，关防必益密，岂有听方士出入之理！……特一时俚俗传闻，易于耸听；香山竟为诗以实之，遂成千古耳。"

太上槐

道士见到杨贵妃的事固然不可信，但唐玄宗对杨贵妃的思念是不争的事实。为什么唐玄宗对杨贵妃如此思念呢？仅仅是因为杨贵妃长得美，或者能歌善舞吗？当然不是！合理的解释是经过十几年的朝夕相处，他们俩已经有了纯真的爱情和亲情。这种爱情和亲情已经深深植入他的脑海，使他陷入无法自拔的状态。

唐玄宗到西内，基本上是处于一种软禁的状态，他对杨贵妃更加思念了。所以史书记载说，"及上皇复宫阙，追思贵妃不已"，"三载一意，其念不衰"。过去，他还有自由，他能够看见杨贵妃活动过的场所，留下的一些遗迹和遗物，那么现在到西内的时候呢？他看不到这些东西，而且，他甚至做梦都梦不见杨贵妃，他感到非常的痛苦。

后来在宝应元年（762）四月初五，唐玄宗衰老的身体，似乎回光返照，他从甘露殿里面出来，走到院子里，拿起了他的紫玉笛吹奏了一曲悲凉的曲调。这个时候，有一对仙鹤从天上缓缓飞来，在他头顶上空旋转了几圈，然后缓缓离去。

　　唐玄宗似乎感到很高兴，他说：好了，这下好了，上天让我去当元始孔升真人，我可以和贵妃相见了。说完，他回到宫中，开始让人给他沐浴，然后换上了一身干净的衣服。他躺在床上，让所有的人都到宫外去，说他要去见杨贵妃，不要让大家打扰他。

　　宫人离开之后，唐玄宗闭上眼睛，华清相会的场景，出现在他的脑海，倾国倾城的杨贵妃从华清宫的大门缓缓而来，回眸一笑，唐玄宗脸上露出了喜悦。接着，他又想起了他和杨贵妃一起演奏乐舞，教授梨园子弟，排练《霓裳羽衣曲》的情形。忽然，一个活人的形象，出现在他的眼前，那就是安禄山，唐玄宗恨从中来。这个时候他仿佛听见了战马的嘶鸣声，看到了刀光剑影。接下来，杨贵妃绝望的眼神又浮现在他的眼前，他的心揪成了一团，一口恶气堵上心来，他痛苦地呻吟了一声。

　　宫外的这些宫人，听到了唐玄宗的呻吟声，进来的时候，就看到唐玄宗双眼睁着，可是人已经溘然长逝。

　　唐玄宗在七十八岁的时候离世，走的时候两眼圆睁，死不瞑目，他是在思念与痛苦中离世的。

　　那么，这一切的故事说明了什么？说明唐玄宗不是一个无情无义的人，他和杨贵妃之间是有感情的，他们之间的爱情是真挚的，他们之间的亲情，也是真挚的。所以不能因为唐玄宗没能马嵬驿兵变中挽救杨贵妃的性命就指责他。因为事实说明，唐玄宗还是一个有情有义的人。

　　纯真的爱情和亲情是伟大的，具有无穷的魅力。正因为如此，自唐代以来，许多人吟诗作赋，对唐玄宗和杨贵妃的爱情表示赞赏。如唐人黄滔在《马嵬二首》其一中写道："铁马嘶风一渡河，泪珠零便作惊波。鸣泉亦感上皇意，流下陇头呜咽多。"唐末诗人唐求《马

唐玄宗泰陵

嵬感事》云："冷气生深殿，狼星渡远关。九城鼙鼓内，千骑道途间。凤髻随秋草，銮舆入暮山。恨多留不得，悲泪满龙颜。"这也说明，杨贵妃与唐玄宗之间是有真情的。正因为如此，他们的故事经久不衰，至今仍有很大的魅力。

三、历代评价

杨贵妃死后，她的故事在民间口口相传。历代文人墨客以其故事为题材创作了不少作品。

唐代对杨贵妃进行大书特书的人当首推陈鸿和白居易。唐宪宗元和元年（806）冬十二月，就是在马嵬兵变的五十年后，陈鸿和白居易游历盩厔（今周至）仙游寺，从好友王质夫的口述中听到了杨贵妃的故事，立即被荡气回肠的故事情节所感动。陈鸿以散文的形式写了《长恨歌传》，白居易则以排律的形式写了著名的《长恨歌》。二者内容虽然基本相同，但《长恨歌》在社会上广为流传，其影响力

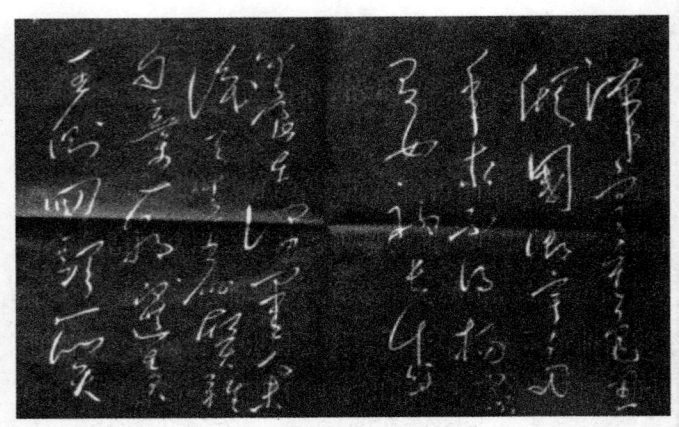

毛泽东书《长恨歌》拓片（局部）

远远超过了《长恨歌传》。

《长恨歌》以杨贵妃与唐玄宗的爱情为主线，分为人间、天上两个部分。前半篇描写盛唐天子宠幸杨妃，"从此君王不早朝"，荒于政事，酿成了祸乱。后半部分则着重描写唐玄宗从四川回来后对杨贵妃的日夜思念，"天长地久有时尽，此恨绵绵无绝期"。全篇的主旨明显不在于讽刺，而是畅述"人天生死形魂离合之关系"。

唐代以后，有关唐明皇与杨贵妃的作品逐渐增多。其中影响较大的有宋人乐史的《杨太真外传》、元人白朴的《梧桐雨》和清人洪昇的《长生殿》等。

《历代古人像赞》中的白居易

乐史由南唐入宋，曾担任史官。作为北宋前期的史学家，他把唐代以来散见于笔记小说、传奇故事中关于杨贵妃的资料加以汇总，按照杨贵妃的生平重新进行编排，写成了著名的《杨太真外传》。《杨太真外传》展现了杨玉环的个人经历以及唐玄宗从

关于杨贵妃之死的记载

四川返回长安后对贵妃的思念之情，内容相当丰富，成为后世小说戏曲取材的宝库。

白朴的《梧桐雨》在有关唐玄宗和杨贵妃的元曲中首屈一指。《梧桐雨》渲染了杨贵妃与安禄山的私情。诚然如《安禄山事迹》卷上曰："禄山恩宠浸深，……而贵妃常在座，诏杨氏三夫人约为兄弟。由是，禄山心动。""及动兵，闻马嵬之事，不觉数叹。"

洪昇的《长生殿》在元曲的基础上把李杨爱情故事升华到了新的高度。他用神来之笔着力描述李杨爱情的详尽过程。全剧凡五十出，情节复杂。"定情""禊游""幸恩""偷曲""进果""絮阁""密誓""埋玉"等二十五出，把杨贵妃与唐玄宗相爱过程写得淋漓尽致。又以二十五出描写了唐明皇对贵妃深沉的思念，歌颂了人类生死不渝的爱情理想。

清朝灭亡后，近现代新小说与新传记中也有描写杨贵妃的。如六十多年前，鲁迅曾想创作三幕历史剧《杨贵妃》。他在《女人未必多说谎》中说："关于杨妃，禄山之乱以后的文人就都撒着大谎，玄宗逍遥事外，倒说是许多坏事情都是由她，敢说'不闻夏殷衰，中自诛褒妲'的有几个。就是妲己，褒姒，也还不是一样的事？女人的替自己和男人伏罪，真是太长远了。"认为把杨贵妃看成罪魁祸首与"尤物"妖魔，是不公正的。正应了那句"其实那不是女人的罪状，正是她的可怜。"

近代以来，海内外有关杨贵妃的研究成果层出不穷，学术专著、通俗读物和历史小说近三十部之多。在戏曲舞台上，现代京剧艺术大师梅兰芳，以一出《贵妃醉酒》，赢得无数观众喝彩。至于与杨贵妃有关的影视作品也已发行多种。

古往今来，有人对杨贵妃持否定态度，说杨贵妃是亡国祸水，死有余辜。有人则同情她的遭遇，说她死得冤枉，是替罪羔羊。这两种观点在社会上颇为流行。

认为杨贵妃是亡国祸水的人，往往是从道德和政治两个层面来评价杨贵妃的。他们认为，唐代盛世的结束，唐王朝由盛到衰的转折，都是由杨贵妃造成的。

持这种观点的人，把杨贵妃说成是一个没有道德的人。他们认为杨贵妃先给寿王李瑁当妃子，又给唐玄宗当妃子，这是极为严重的乱伦行为。宋代以后，有人为了证明杨贵妃的道德缺陷，据此编出了杨贵妃与安禄山私通的故事。唐代有为新生儿"洗三"的习俗。孩子生下的第三天，照例要举行热闹的洗儿礼。安禄山不是新生儿，为什么要给他进行"洗三"呢？正因为如此，两《唐书》的作者都没采信这种说法。退一步说，即便是杨贵妃为了开玩笑取乐，给安禄山"洗三"，这种活动也是在大庭广众之下进行的，何况唐玄宗也知道这件事，还给了赏赐。在这种情况下，是绝无私通可能的。宋明之际编造这样的故事，无非是要把道德的包袱压在杨贵妃的身上，对她进行丑化，把她说成污秽的女人。

除了道德包袱，他们还给杨贵妃强加了一个政治包袱，说她干预了政治，是亡国祸水。把女人看作祸水，这是独尊儒术之后形成的一种社会思潮。这种思潮在唐代以前就已存在。据此对杨贵妃进行指责，大约在马嵬兵变发生后就开始了。在反思叛乱发生的原因时，就有人把安史之乱发生的原因归结到杨贵妃身上。特别是在唐肃宗即位之后，为了说明马嵬兵变的正义性，在官方的立场上，就把杨贵妃定位为反面角色。这种情况直接影响到人们对杨贵妃的看法。

"女人祸水论"在宋代开始泛滥。欧阳修在《新唐书·玄宗本纪》末加了这样的按语："呜呼，女子之祸于人者甚矣！自高宗至于中宗，数十年间，再罹女祸，唐祚既绝而复续，中宗不免其身，韦氏遂以灭族。玄宗亲平其乱，可以鉴矣，而又败以女子。"显然，他把天宝之乱全部归罪于杨贵妃。自宋至清，杨贵妃背上的"乱唐"政治包袱日益沉重。晚清名人魏源曾游历关中，写有诗《骊山》，自注云："骊山一培嵝耳，自汤泉而外，初无奇胜，而一笑倾周，一浴败唐，一葬亡秦，为今古凭吊之薮。""一浴败唐"反映了女祸论影响之深远。

当然，对于这种流行的"女人祸水论"也有人曾提出异议。他们认为杨贵妃是替罪羔羊，死得冤枉。在唐代，一些人就为杨贵妃鸣冤叫屈。如诗人李益曾写过三首《过马嵬》诗，其中一首写道："汉将如云不直言，寇来翻罪绮罗恩。托君休洗莲花血，留记千年妾泪痕。"李商隐对杨贵妃之死深表同情。他在《马嵬二首》其一中写道："冀马燕犀动地来，自埋红粉自成灰。君王若道能倾国，玉辇何由过马嵬。"黄滔也认为，安史之乱并非女祸。他在《马嵬》诗中说："锦江晴碧剑峰奇，合有千年降圣时。天意从来知幸蜀，不关胎祸自蛾眉。"这样的诗词很多，不胜枚举。

宋明之际，尽管"女人祸水论"甚嚣尘上，同样也有不少人为杨贵妃抱打不平。如宋人杜伫在《题马嵬山下粉》中说："世间绝艳何代无，玉环之死真无辜。芳姿丽色竟沦没，却使丑妇争欢呼。……真龙御天居九五，一妇哪能成众蛊。……后人不责唐明皇，惟知因色生祸殃"。清人赵翼在《马嵬坡》诗中写道："宠极强藩已不臣，枉教红粉委荒尘。怜香不尽千词客，召乱何关一美人。"赵长令《马嵬》诗云："不信曲江信禄山，渔阳鼙鼓震秦关。祸端自是君王启，倾国何须怨玉环。"在他们看来，安史之乱的发生是唐玄宗宠信安禄山的结果，与杨贵妃并没什么关系。杨贵妃不过是替罪的羔羊罢了。正所谓"渔阳动鼙鼓，风流天子惊弓鸟；马嵬赐罗巾，胭脂美人替罪羊。"（张又谦联）

值得注意的是，有些人认为杨贵妃不仅不是亡国祸水，而且是救亡的义士。唐人徐夤认为，杨贵妃在马嵬是以死报君。他在《马嵬》诗里写道："二百年来事远闻，从龙谁解尽如云。张均兄弟皆何在，却是杨妃死报君。"清人赵翼《古来咏明妃、杨妃者多失其平，戏作二绝》其一云："鼙鼓渔阳为翠娥，美人若在肯休戈？马嵬一死追兵缓，妾为君王拒贼多。"杨延亮《题马嵬驿》："孤负凭肩誓后身，六军相逼太无因。肯拼一死延唐祚，再造功应属美人。"林则徐《题杨太真墓》亦云："六军何事驻征骖，妾为君王死亦甘。抛得蛾眉安将士，人间从此重生男。"

如上所说，自古以来，人们对杨贵妃有不同的看法。那么，我们究竟应该如何对她进行评价呢？要正确评价历史人物，首先要把他放在当时的历史条件下，全面考察他的一生，先看他是怎样说的，又是怎样做的，实事求是，具体分析，这样得出的结论才能令人信服。

现在，我们不妨回过头来，再简要地回顾梳理一下杨贵妃的生命历程：唐玄宗开元七年（719）杨贵妃生于四川，名叫杨玉环。开

杨贵妃雕像

元二十三年（735）十二月，杨玉环十七岁，嫁给玄宗第十八子寿王李瑁为妃。开元二十八年（740）十月，杨玉环二十二岁，奉诏赴华清宫与唐玄宗相会。次年正月出家奉道，法号太真。天宝四载（745）八月，杨太真二十七岁，被册封为唐玄宗的贵妃，因此，人们将她称作"杨贵妃"或"太真妃"。天宝十五载（756）六月十四日，杨贵妃三十八岁，在马嵬兵变中被杀。她的一生是短暂的，只有三十八个春秋。

在三十八年的生命历程中，杨贵妃十岁前生活在四川，十至十七岁生活在洛阳。此后，她给寿王瑁当了五年的妃子，在太真观当了五年的女道士（实际是唐玄宗的情人），又给唐玄宗当了十一年的贵妃。其中当贵妃的十一年时间，是她生命中最辉煌的阶段。作为唐玄宗宠爱的贵妃，她拥有皇后一样的待遇，但她始终没有参与朝政。她所从事的活动，主要是照顾唐玄宗的起居，与唐玄宗一起唱歌、跳舞，发展他们所热爱的乐舞事业。文献中记载她只是在唐玄宗准备将皇位传给太子亨时"衔土"进谏而已。由于杨贵妃并没有参与朝政，因此，把唐朝由盛到衰的责任推在她身上，显然是不恰当的。

那么，唐王朝由盛到衰的原因究竟是什么？责任应当由谁来负？从大量资料来看，天宝年间，最高统治者是唐玄宗，朝廷中掌握实权的人先是李林甫，后是杨国忠，宦官高力士对朝政亦有一定的影响。安史之乱的发生，主要是由于以下原因造成的。

首先，天宝年间，统治集团荒淫腐朽。唐玄宗将政事付与李林甫、杨国忠、高力士之徒，又穷兵黩武，好大喜功。李林甫等夺擅朝政，吏治败坏；杨国忠等"拓边"激功，国力耗虚。加之官僚地主竞相兼并土地，导致了阶级矛盾的尖锐化，削弱了统治力量，使叛乱者有了可乘之机。

其次，府兵制破坏之后，外重内轻之势已成。开、天之际，府兵之制破坏，募兵之制渐兴，募兵制逐步代替了府兵制。镇守京师者称"长从宿卫"（后称"彍骑"），戍守边疆者称"健儿"或"长征健儿"。为了防边"拓边"，九节度镇兵增至四十九万，多出彍骑数倍。这样，"外重内轻"之势形成，为有野心的边将对抗唐中央创造了条件。

第三，平卢、范阳、河东节度使安禄山领兵最多，实力最强，野心很大。他几入长安，目击唐中央政治腐败，内地兵力空虚，乃谋作乱，夺取天下。于是在准备就绪之后，便以诛杨国忠为名发动了叛乱。

显然，安史之乱的发生，唐王朝由盛到衰的转变，都不是由杨贵妃造成的，我们当然不能以此来否定杨贵妃，更不能说她是亡国祸水。那么，能不能说杨贵妃是个完美的人，没有一点过错，完全是替罪羔羊呢？当然不能。因为尽管杨贵妃在主观上并没有干政的愿望，但她的得宠，在客观上促成了两大问题：一是唐玄宗日益腐败，二是外戚势力膨胀。

唐玄宗曾经是一位励精图治的帝王。他在开元年间以姚崇、宋璟、张九龄等人为相，厉行改革，在政治、经济、军事、文化诸方面采取了一系列有利于社会发展的措施，促成了著名的"开元盛世"。然而，在取得骄人成绩之后，他便失去了进取精神，开始志得意满，殆于政事，奢侈腐化。目好色，口好味，耳好音，人性的弱点在他身上得到充分体现。他宠爱杨贵妃，喜爱乐舞，这本身并没有错，问题是他为此荒废朝政，爱屋及乌，造成外戚乱政、蕃将坐大、制度废弛、流弊丛生的局面。作为唐玄宗最宠爱的人，杨贵妃对此缺乏清醒的认识，没有像长孙皇后那样发挥积极的匡谏作用。

杨国忠作为外戚势力的代表，虽然主要是靠他自己的努力平步青云、独揽大权的。但在这个过程中，无疑是借了杨贵妃的"势"，换句话说，他是把杨贵妃当成了自己的保护伞。至于韩国夫人、虢国夫人和秦国夫人，虽说是承玄宗之恩，实际上也是得益于杨贵妃的。杨氏一门能过上如此豪奢生活，或多或少都与杨贵妃有一定的关系。作为"昭阳殿里第一人"，杨贵妃本应认识到外戚膨胀的恶果而采取适当的防范措施，但似乎是听之任之，并没有像长孙皇后那样，对自己的家人有所约束。

兴平新修太真阁

从这个意义上讲，杨贵妃也是有缺点和错误的。但在她的一生中，这些缺点和错误并不是主要的。无论如何，她是无罪的，即便有罪，也罪不至死。马嵬兵变的发生完全出乎她和唐玄宗的意料之外。由于她和她的外戚家族影响了太子李亨的利益，因而最终成了政治斗争的牺牲品。

一千二百多年前，杨贵妃在马嵬驿悲惨地死去。她的死确实冤枉。我们知道，杨贵妃是绝世无双的美人，美本身有错吗？没有！杨贵妃"善歌舞，通音律，智算过人"，是杰出的音乐家、舞蹈家，身怀这些绝艺有错吗？也没有！是她让杨国忠乱政的吗？不是！是她让安禄山造反的吗？也不是！安史之乱的发生和唐王朝的中衰，主要是唐玄宗疏于政事、用人失当的恶果，是盛唐社会矛盾发展的产物。因此不能说杨贵妃是亡国祸水。杨贵妃的错误主要是没有向唐玄宗进谏，在一定程度上助长了唐玄宗的惰性而已。因此，我们不能以此来否定杨贵妃，而是应当从杨贵妃的爱情故事中吸取教训。

注释

[1] 宋人杜佺《题马嵬山下粉》云："客从西方来，赠我嵬坡士。云是玉环遗粉今尚存，使我悠然吊千古。"
明人秦祖襄《贵妃粉》云："埋玉可曾灰，沉香对马嵬。余妆留粉黛，暗水出章台。锦袜看传送，香囊泣几回。胭脂铺满地，寒食待君来。"

[2]《全唐文》卷三八。

[3]《酉阳杂俎》前集卷一。

[4]《开天传信记》。

[5]《酉阳杂俎》前集卷一。

[6]《明皇杂录》补遗。

[7]《全唐文》卷四一。

[8]《资治通鉴》卷二二一,肃宗上元元年七月条。

[9]《太平广记》卷一八八。

[10] 南苑,指西内中的南苑。参见周天:《〈长恨歌〉笺说稿》,陕西人民出版社1983年版,第89页。

[11]《文苑英华》卷七九四。